आउट ऑफ़ द बॉक्स : प्रबन्धन मन्त्र

नितिन गडकरी
अथाह... असीम

व्यक्तित्वे मानवस्येह वसुधायाः महान् निधिः।

वसुधा की महान् निधि मानव व्यक्तित्व में निहित है।

जेसी आस्था, पाँचवाँ सूत्र

आउट ऑफ़ द बॉक्स : प्रबन्धन मन्त्र

नितिन गडकरी
अथाह... असीम

डॉ. विजय कुमार शर्मा

वाणी प्रकाशन

वाणी प्रकाशन

4695, 21-ए, दरियागंज, नयी दिल्ली 110 002

फ़ोन : +91 11 23273167 फ़ैक्स : +91 11 23275710

शाखाएँ

अशोक राजपथ, पटना 800 004, बिहार

कॉफ़ी हाउस कैम्पस, महात्मा गांधी मार्ग, इलाहाबाद 211 001, उत्तर प्रदेश

महात्मा गांधी अन्तरराष्ट्रीय हिन्दी विश्वविद्यालय, वर्धा 442 001, महाराष्ट्र

सुल्तानिया रोड, मोतिया पार्क, भोपाल 462 001, मध्य प्रदेश

www.vaniprakashan.com
marketing@vaniprakashan.in
sales@vaniprakashan.in

Out of the Box: Prabandhan Mantra
Nitin Gadkari–Athah... Aseem
by Dr. Vijay Kumar Sharma

ISBN : 978-93-5518-290-6
Political/Biography

प्रथम संस्करण 2022

मूल्य : ₹ 495

आर. टेक ऑफ़सेट प्रिंटर्स, दिल्ली-110 032 में मुद्रित

वाणी प्रकाशन का लोगो मक़बूल फ़िदा हुसेन की कूची से

अनुक्रम

मनोदक्षता

कार्यकुशलता

गुणवत्ता

विविध

प्रस्तावना

महिन्द्रा समूह का कुछ समय पुराना विज्ञापन है, जिसमें महिन्द्रा की गाड़ी ऊबड़–खाबड़ रास्ते पर जाती हुई दिखाई देती है। गाड़ी के रियर–व्यू मिरर अर्थात पीछे देखने वाले आईने में वही गाड़ी एक सपाट, मॉडर्न हाईवे पर तेज़ रफ्तार से जाती दिखाई गयी है। फिर इस विज्ञापन का शीर्षक दिखाया गया है, "Road will follow" यानी "रास्ते बनते जायेंगे" अर्थात मार्ग चाहे जितना कठिन हो, आप आगे बढ़ते रहिए और कठिनाइयों की परवाह मत कीजिए। महिन्द्रा एंड महिन्द्रा के संस्थापकद्वय जे.सी. महिन्द्रा और के.सी. महिन्द्रा ने इस तथ्य को समझा। इसीलिए स्वतन्त्रता के उदयकाल में उन्होंने ऑफ़–रोड वाहन यानी ऐसी गाड़ियाँ बनाने का निर्णय लिया जो तत्कालीन ग्रामीण भारत तक पहुँच आसान बनाये। मेरा मानना है कि नितिन गडकरी भी वही दूरदर्शी सोच रखते हैं। यही कारण है कि भारत में इन्फ्रास्ट्रक्चर डेवलपमेंट अर्थात ढाँचागत विकास के विषय में उनका रिकॉर्ड सर्वोत्कृष्ट है। चूँकि मैं स्वयं परिवहन के क्षेत्र से जुड़ा हूँ इसलिए उनकी उस सोच से इत्तिफ़ाक रखता हूँ जिसमें वे भारत को यातायात द्वारा जोड़ने को महत्त्वपूर्ण मानते हैं, और विश्वास रखते हैं कि हाईवे के निर्माण का भारत के सामाजिक एवं आर्थिक विकास में महत्त्वपूर्ण योगदान है। इसलिए यह प्रस्तावना लिखते हुए मुझे अत्यन्त प्रसन्नता की अनुभूति हो रही है।

मैंने कहीं पढ़ा था कि नितिन गडकरी एक्शन फ़िल्मों के दीवाने हैं और उन्हें दीवार और ज़ंजीर जैसी फ़िल्में ख़ास पसन्द हैं। मैं इस बात से बिल्कुल हैरान नहीं हूँ, क्योंकि यदि कोई मुझसे पूछे कि श्री गडकरी के व्यक्तित्व का वर्णन मैं एक वाक्य में कैसे करूँगा,

तो मेरा जवाब होगा 'मैन ऑफ़ एक्शन' अर्थात एक कर्मठ व्यक्ति। गडकरी जी के वक्तव्यों में से मेरा पसन्दीदा वाक्य है "जहाँ चाह, वहाँ राह। अगर चाह ही नहीं है, तो वहाँ केवल सर्वे, सेमिनार और कमेटियाँ होती हैं।" उनकी यह बात, ऐसे उद्यमियों को उत्साहित करती है जो सरकारी तन्त्र में केवल सर्वे, सेमिनार और कमेटियों से जूझते रहते हैं।

साथ ही, यह बात ग़ौरतलब है कि बेहतरीन परिणाम केवल एक्शन से नहीं मिलते। श्री गडकरी के बारे में मुझे जो बात सराहनीय लगती है, और जिस पर इस पुस्तक में बखूबी प्रकाश डाला गया है, वह ये कि गडकरी जी के प्रशासकीय निर्णय, उनकी दूरदर्शिता, नैतिक मूल्यों और समस्याओं के प्रति उनकी संवेदनशीलता द्वारा निर्धारित होते हैं। एक्शन के प्रति उनकी रुचि, उनकी उस व्यापक परिकल्पना का एक छोटा–सा अंश है जिसमें वे मानव–जाति और पृथ्वी की सेवा को महत्त्वपूर्ण मानते हैं। उनके अपने शब्दों में, ज्ञान और अपशिष्ट दोनों को सम्पदा में परिवर्तित करके ऐसा किया जा सकता है। उनकी यही दूरदर्शिता उन्हें वैकल्पिक ऊर्जा स्रोतों का अच्छा पैरोकार भी बनाती है क्योंकि उन्हें पता है कि विकास और निरन्तरता (sustainability) को साथ–साथ चलना होगा। अपने मज़बूत नैतिक मूल्यों के कारण ही वे, बिना किसी भय या पक्षपात के, एक स्पष्ट वक्ता हैं। और जैसा कि यह पुस्तक बताती है, आदिवासियों के अभावग्रस्त जीवन को अत्यन्त निकट से देखकर जाग्रत हुई उनकी यही संवेदनशीलता उनके उस जीवन मन्त्र का आधार है कि 'राजनीति सामाजिक विकास का साधन है, सत्ता एवं वैभव का नहीं।'

मैं विजय शर्मा को शुभकामनाएँ देता हूँ जिन्होंने इस पुस्तक के माध्यम से, ऐसी कई उपलब्धियों की ओर हमारा ध्यान आकर्षित किया जिनका श्रेय श्री गडकरी को जाता है। मेरा मानना है कि यदि हमारे नौजवान और उनसे पहले की पीढ़ियाँ यह पुस्तक पढ़ती हैं और प्रेरणा लेती हैं, तो वे राष्ट्र–सेवा बेहतर ढंग से कर पायेंगी।

-आनन्द जी. महिन्द्रा

चेयरमैन, महिन्द्रा उद्योग समूह

मनोभाव

आउट ऑफ़ द बॉक्स : प्रबन्धन मन्त्र : नितिन गडकरी–अथाह... असीम की रचना का साहस जुटाने की वजह तो उस समय भी मेरे पास थी, जब मैं विद्यार्थी जीवन से नितिन गडकरी की कार्यशैली को अत्यन्त कौतुहल से देख रहा था, किन्तु कहते हैं कि फल की परिपक्वता के पश्चात ही उसके स्वाद में पूर्णता आती है। छात्र जीवन में नितिन गडकरी की आरम्भिक विशेषताएँ भी कुछ ऐसी ही थीं। कालान्तर में जब उन विशेषताओं की फलश्रुति, श्रेष्ठ लक्ष्य की प्राप्ति के रूप में हुई, तब मुझे लगा कि सुसंस्कारों से युक्त नितिन गडकरी की यह बहुआयामी विशेषताएँ भावी पीढ़ी के लिए प्रेरणास्पद हो सकती हैं। इसी भावना से मैंने नितिन गडकरी के स्व–प्रबन्धन सूत्रों को भावी पीढ़ी तक पहुँचाने के लिए लेखन की शुरुआत की। विद्यार्थी जीवन से लेकर अब तक नितिन गडकरी ने लक्ष्यप्राप्ति के कई पायदान तय किये हैं। विद्यार्थी जीवन से ही कुशल प्रबन्धनकर्ता, पारखी व प्रयोगधर्मी रहे नितिन गडकरी के जीवन की घटनाओं को यदि यूँ ही काग़ज़ पर उतारना होता तो अपार साधन–सामग्री कथानक के रूप में उपलब्ध थी, लेकिन मुझे इस पुस्तक को 'स्तुतिपरक' गान का नहीं बल्कि 'प्रेरणापरक' ज्ञान से ओत–प्रोत एक शोधग्रन्थ का स्वरूप देना था। अन्ततः नितिन गडकरी के स्व–प्रबन्धन सूत्रों की खोज में मेरे प्रयास सार्थक हुए और वह इस पुस्तक के रूप में आपके सामने है। किसी भी लक्ष्य की प्राप्ति के लिए व्यक्ति में प्रबन्धनजनित किन गुणों का प्रादुर्भाव होना चाहिए,

उसे इस पुस्तक में भावी पीढ़ी को केन्द्र में रखकर प्रस्तुत करने का मैंने प्रयास किया है। प्रत्येक लक्ष्य का संधान करते समय उनके भीतर जिस सकारात्मक ऊर्जा का निर्माण हुआ, उससे सामाजिक उद्यमिता, प्रबन्धन कौशल, दूरदर्शिता, समग्र दृष्टि, मौलिक सोच, आन्तरिक एकाग्रता, गुणग्राहकता, दृढ़ निर्णय क्षमता, सटीक कार्यान्वयन, अदम्य साहस और संघर्षशीलता जैसे गुणों का प्रसंगानुरूप प्रादुर्भाव हुआ।

संसार में ऐसा कोई व्यक्ति नहीं जिसे अपने माता–पिता, वरिष्ठों और गुरुजनों से अच्छे संस्कार नहीं मिलते हों, किन्तु इन संस्कारों से उच्च गुणों का प्राकट्य बिरले ही लोगों में हो पाता है। यह शाश्वत सत्य है कि माँ ही व्यक्ति की पहली गुरु होती है। माँ ही तो उसे अपने अस्तित्व की पहचान कराती है। माँ से ही तो शिशु पहला निवाला लेता है। पहला क़दम और प्रथम उच्चारण सीखता है। नितिन गडकरी के जीवन में भी कुछ ऐसी ही शुरुआत श्रद्धेया माँ भानुताई गडकरी के सानिध्य में हुई। माँ से मिले संस्कारों ने ही उन्हें स्वयं से स्वयं का परिचय कराया। 'फटकार' और 'दुलार' भी माँ के ऐसे सुधारक अस्त्र हैं जो संसार में अन्यत्र कहीं भी नहीं मिलते। इन्हीं अस्त्रों ने नितिन गडकरी को 'चेतना' और 'प्रेरणा' प्रदान की है, ऐसा कहना अतिशयोक्ति नहीं होगी। यही कारण है कि चुनौतियाँ और समस्याएँ किसी भी क्षेत्र की हों, वे उनसे विचलित नहीं होते, उनका डटकर सामना करते हैं और उन्हें हल करने के लिए अपने आपको समर्पित कर देते हैं।

भारतीय परिवेश में नितिन गडकरी के स्व–प्रबन्धन सूत्र राजनीति में ही नहीं बल्कि प्रत्येक क्षेत्र में कारगर हैं। आज 'प्रबन्धन' विश्वव्यापी अनुसन्धान का विषय है। क्योंकि प्रबन्धन ही वह सूत्र है जो प्रत्येक क्षेत्र में शाश्वत सफलता की गारण्टी भी है। यही कारण है कि देश–विदेश में लेखकों ने इस पर शृंखलाबद्ध लेखन किया है और आज भी कर रहे हैं। इन्हीं प्रबन्धन सूत्रों ने ही इस संसार के साधारण व्यक्ति को असाधारण बना दिया। सफलता के उच्च प्रतिमान स्थापित करने वाले भारतीयों के अनेक उत्कृष्ट उदाहरण हमारे सामने हैं।

इन्हीं प्रबन्धन सूत्रों को प्रमाणित करने के लिए मैंने नितिन गडकरी के स्व–प्रबन्धन व प्रबन्धन कौशल्य को चुना है। इस पुस्तक में प्राचीन भारतीय मनीषियों द्वारा रचित ग्रन्थों में वर्णित श्लोकों के आधार पर मैंने यह बताने का प्रयास किया है कि प्राचीन भारतीय साहित्य एवं वेदोपनिषद की प्रासंगिकता आज भी उतनी ही कारगर है, जितनी उस काल में थी। आधुनिक काल में रचित प्रबन्धन ग्रन्थों और विख्यात मनोविज्ञानियों के शोध सिद्धान्तों को भी अनदेखा नहीं किया जा सकता, किन्तु समसामयिक प्रसंगों पर प्राचीन शास्त्रों के सिद्धान्त भी कितने सार्थक हैं, इस दिशा में जनमानस का ध्यान आकर्षित कराना ही मेरा उद्देश्य है।

नितिन गडकरी का प्रारम्भिक जीवन–संघर्ष मेरे सहित उनके अनेक सखाओं ने देखा है, उनकी जीवन प्रबन्धन यात्रा बेहद संघर्षमय स्थिति से शुरू हुई थी। युवावस्था के शुरुआती दौर में ही पिता का महाप्रयाण किसी सदमे से कम नहीं होता! ऐसी विषम परिस्थितियों में नितिन गडकरी का सार्वजनिक जीवन महज 19 वर्ष की आयु में आरम्भ हुआ। संसार में सफलता पाने के लिए मची आपाधापी को देख उनकी पारखी दृष्टि ने 'संघे शक्ति कलियुगे' (अर्थात–कलियुग में संगठन ही वह ताक़त है जो असम्भव को सम्भव कर सकती है) इस सूत्र को समझ लिया था। विद्यार्थी जीवन में उन्हें अखिल भारतीय विद्यार्थी परिषद जैसा विचारोत्तेजक संगठन मिला। संगठन शक्ति के बल पर छात्र राजनीति में कुशलता का प्रदर्शन करते हुए उन्होंने राष्ट्रसन्त तुकड़ोजी महाराज नागपुर विद्यापीठ में अभाविप का आधिपत्य स्थापित किया। उनके संगठन प्रबन्धन कौशल से प्रभावित होकर वरिष्ठों ने 1981 में उन्हें अभाविप में विदर्भ प्रदेश सचिव पद की जिम्मेदारी दी। 1985 में भारतीय जनता युवा मोर्चा के अध्यक्ष बने। यह ऐसा दौर था जब महाराष्ट्र में भारतीय जनता पार्टी अपने पाँव जमाने के लिए संघर्ष कर रही थी, नितिन गडकरी ने चुनौती को स्वीकारा, किन्तु राजनीतिक पराक्रम के अपने पहले चुनावी प्रयोग में उन्हें पश्चिम नागपुर विधानसभा क्षेत्र से पराजय मिली।

नितिन गडकरी न तो हार से निराश होते हैं, और न जीत का उन्माद उन पर हावी होता है। इस पराजय के बाद उनकी स्वाभाविक प्रयोगधर्मिता ने उन्हें चुनावी राजनीति, आनेवाली चुनौतियाँ और उनके समाधान का बेहतर ज्ञान करा दिया। इसके बाद उन्होंने अपने कुशल चुनावी रणकौशल के बल पर कई योग्य प्रत्याशियों को चुनाव जितवाया और स्वयं भी विजयी होते रहे।

'मैं अकेला ही चला था जानिब–ए–मंज़िल मगर, लोग साथ आते गये और कारवाँ बनता गया', मजरूह सुल्तानपुरी की इन पंक्तियों की तरह नितिन गडकरी का कारवाँ भी बढ़ता गया। उनकी कार्यकुशलता के चलते अन्य दलों के लोग भी उनसे जुड़ते रहे। पार्टी नेतृत्व द्वारा सौंपे गये दायित्व को उन्होंने कुशलता से निभाया। महाराष्ट्र में पार्टी को लोकप्रियता दिलाने के इरादे से वे भारतीय जनता पार्टी को गाँव–गाँव तक पहुँचाने के अभियान में जुट गये। उनके अथक परिश्रम एवं व्यापक समन्वयात्मक दृष्टिकोण को देख उन्हें 1988 में महाराष्ट्र भारतीय जनता पार्टी का महामन्त्री बनाया गया। उनके प्रयासों से ही ग्राम पंचायत से लेकर स्थानीय निकायों तक के चुनावों में भाजपा का परचम लहराया। कुशल प्रबन्धन का यह योद्धा जब राजनीति के रण में आगे बढ़ा तो भाजपा के साँसदों और विधायकों की बढ़ती संख्या देख सत्ताधारी दल में भी हलचल मच गयी, 1989 में भाजपा ने उन्हें विधान परिषद का स्नातक निकाय चुनाव लड़वाया और वे विजयी रहे, तब से लगातार वर्ष 2014–15 तक उनका इस क्षेत्र पर आधिपत्य रहा। महाराष्ट्र में भाजपा–सेना युति की सरकार बनने के बाद वे 1995 में सार्वजनिक निर्माण मन्त्री बने। अपने कौशल्य व प्रबन्धन के बूते 1999 में वे महाराष्ट्र विधान परिषद में प्रतिपक्ष नेता बने। वर्ष 2004 में वे महाराष्ट्र भाजपा के अध्यक्ष बनाये गये। वर्ष 2009 में वे भाजपा के इतिहास में सबसे कम आयु (52 वर्ष) में राष्ट्रीय अध्यक्ष घोषित हुए। नितिन गडकरी के प्रति भले ही विरोधी पक्ष के नेताओं ने यह भ्रामक धारणा प्रचारित कर रखी थी कि वे

चुनाव लड़ने से कतराते हैं, लेकिन विरोधियों की यह धारणा भी उन्होंने तोड़ी और वर्ष 2014 में नागपुर से पहली ही बार लोकसभा का चुनाव लड़ा और अभूतपूर्व मतों से विजयी होकर संसद में पहुँचे। केन्द्र में पहुँचने के बाद नितिन गडकरी का प्रबन्धन और अधिक निखरा और उन्होंने सड़क परिवहन एवं जहाज़रानी मन्त्रालय के साथ–साथ जल संसाधन, नदी विकास व गंगा संरक्षण मन्त्रालय का कार्य भी देखा। उनके कुशल प्रबन्धन का ही कमाल है कि वर्तमान में उन्हें देश के सर्वाधिक कार्यक्षम केन्द्रीय मन्त्री के रूप में ख्याति मिली, जब एक बार फिर वर्ष 2019 के आम चुनाव आये तो विरोधियों ने नागपुर लोकसभा क्षेत्र के चुनाव को जातिगत बनाने में कोई कसर नहीं छोड़ी, लेकिन उनके सर्वसमावेशक कार्यों व स्वच्छ छवि का ही प्रभाव था कि उन्होंने यह चुनाव भी प्रचण्ड मतों से जीतकर विरोधियों को धूल चटा दी। इस बार उन्हें पुनः सड़क एवं परिवहन मन्त्रालय के साथ सूक्ष्म, लघु और मध्यम उद्यम मन्त्रालय का प्रभार सौंपा गया है। यह विभाग उनके हृदय के अत्यन्त करीब इसलिए है क्योंकि यह विषय नितिन गडकरी की रुचि का है, क्योंकि वे स्वप्रेरित उद्यमी हैं। सूक्ष्म, लघु और मध्यम उद्योग भारतीय अर्थव्यवस्था की रीढ़ जीडीपी का मूल आधार कहा जाता है। यह विभाग युवा वर्ग के लिए उद्यम वृत्ति के अवसर एवं रोज़गार के विकास में बड़ी भूमिका अदा करने की क्षमता रखता है। इसलिए उन्हें यह विभाग मिलने से युवाओं को रोज़गार एवं लघु उद्योगों के विकास की सम्भावनाएँ बढ़ी हैं।

प्राचीन भारतीय सन्दर्भ को देखें तो भारतीय दर्शन में स्व–प्रबन्धन एवं व्यक्तित्व विकास के सूत्रों का उल्लेख मिलता है। हमारे मनीषियों ने मनोविज्ञान, तन्त्रविज्ञान, रसायनशास्त्र, आरोग्य इत्यादि मानव जीवन से सम्बन्धित अनेक विषयों पर सतत अनुसन्धान किया और वेदोपनिषद के माध्यम से इसे परिभाषित भी किया। उन्होंने मानव मन एवं शरीर के परस्पर सम्बन्धों को परिभाषित करते हुए व्यक्ति एवं व्यक्तित्व केन्द्रित मानवीय स्व–प्रबन्धन को न

केवल महत्त्व दिया, बल्कि स्व–प्रबन्धन को ही जीवन विकास एवं जीवनोत्थान का आधार माना। भारतीय दर्शन शास्त्र केवल अनुभवों एवं अनूभूतियों का संकलन मात्र नहीं है, बल्कि शून्य से चरम तक पहुँचने का मार्गदर्शक भी है। कर्ता और कर्म के प्रबन्धन की यह प्रक्रिया नर से नारायण होने का मार्ग भी है।

नितिन गडकरी की कार्यशैली और उनके प्रबन्धन कौशल को देखें तो आश्चर्य होता है कि मैनेजमेंट के पुरोधाओं और इन्जीनियरों को भी विस्मित कर देनेवाली दृष्टि, विचारों को क्रियाशील बनाने की क्षमता एवं अपने संकल्प को पंख लगा देने की कला उन्होंने कहाँ से सीखी होगी? इस जिज्ञासा का समाधान उनकी माँ भानुताई से उन्हें मिले संस्कारों में अन्तर्निहित है। नितिन गडकरी कर्मकाण्ड के नाम पर आडम्बर के पक्षधर नहीं हैं और न धर्म–पन्थ–जाति सम्बन्धी कोई पूर्वाग्रह उनमें दिखाई देता है। बाल्यकाल से मिले संस्कारों के कारण ही उनमें सर्वसमावेशक दृष्टि उत्पन्न हुई। किसी भी व्यक्ति में यह संस्कार समस्त समाज को ठीक उसी तरह लाभान्वित करते हैं जैसे पुष्प में मौजूद सुगन्ध समुचे वातावरण को आल्हादित करती है।

मेरा उद्देश्य केवल नितिन गडकरी का गुणानुवाद करना नहीं है, बल्कि उनकी गुणवत्ता के मूल में जाकर प्रकृति–प्रदत्त उन विशेषताओं पर प्रकाश डालना है जो साधारण परिवार में जन्मे व्यक्ति को असाधारण बना देती है। मैं चाहता हूँ कि भानुताई की तरह अन्य माताएँ भी अपने बालकों में सहजता से उच्च संस्कार प्रेषित कर उनमें असाधारण क्षमता का निर्माण करें, और यह तभी सम्भव होगा, जब भावी पीढ़ी भी अपने भीतर छुपे श्रेष्ठ व्यक्तित्व को निखारें। नितिन गडकरी के सम्पूर्ण जीवन काल को देखें तो बाल्यावस्था से ही उनमें एक सॉल्यूशन प्रोवाइडर देखा जाता रहा है। उपाय प्रदाता का यह गुण उन्हें इतनी ऊँचाई प्रदान करेगा, यह उस काल में किसी ने सोचा भी नहीं होगा, लेकिन जब इस विशेषता को लेकर आगे बढ़े तो फिर उनके क़दम कभी नहीं थमे,

ऐसा योद्धा जब संघर्ष पथ पर चल पड़ता है, तो कर्मयुद्ध के लिए आवश्यक सारे आयुध सहज ही उसके पास चले आते हैं, और इन्हीं आयुधों ने नितिन गडकरी को व्यक्ति–विशेष की असाधारण श्रेणी में पहुँचा दिया।

नितिन गडकरी का यह सेल्फ मैनेजमेंट निश्चित रूप से युवाओं को न केवल प्रेरणा देगा, बल्कि पथ प्रदर्शक भी बनेगा। शुरुआत में इस पुस्तक को लिखने की मंशा मैंने अपने मित्र श्री गिरधारी मन्त्री से व्यक्त की थी। इसी सन्दर्भ में हम दोनों ने नितिन गडकरी से चर्चा की। इस पर उनकी पहली प्रतिक्रिया तो यह थी कि व्यक्ति के जीवन–इतिहास में जाकर क्या मिलेगा? उसकी कोई आवश्यकता नहीं है, लेकिन मुझसे यह जानने के बाद कि मैं युवा पीढ़ी को करियर निर्माण की दिशा में स्व–प्रबन्धन सूत्र के गूढ़ रहस्य से परिचित कराना और इसके लिए उनके जीवन प्रबन्धन कौशल को माध्यम बनाना चाहता हूँ, तो उन्होंने मेरे सर्वहितकारी उद्देश्य की पूर्ति के लिए स्वीकृति प्रदान कर दी। तदर्थ, मैं उनका हृदय से आभारी हूँ। इस पुस्तक को लिखने का उद्देश्य नितिन गडकरी के स्व–प्रबन्धन कौशल का मात्र विवेचनात्मक अध्ययन नहीं है, बल्कि उनके प्रबन्धन कौशल से जुड़े विविध सन्दर्भों, उदाहरणों व प्रसंगों से सीख लेकर उन्हें आत्मसात करने की प्रेरणा देना है। भविष्य में नितिन गडकरी की तरह हज़ारों नितिन अस्तित्व में आयें और समाज के समक्ष आदर्श प्रस्तुत करें, और उनकी सशक्त भारत निर्माण की संकल्पना रूपी मशाल पीढ़ी–दर–पीढ़ी अखण्ड रूप से प्रज्ज्वलित होती रहे, यही कामना।

शुभम् भवतु!

–डॉ. विजय कुमार शर्मा
नागपुर

अन्तरंग

मर्मभेदी

पाण्यातला मासा झोप घेई कैसा।
जावे त्याच्या वंशा तेव्हा कळे।।

महाराष्ट्र के महान सन्त तुकाराम ने अपने अभंग में इस पंक्ति के माध्यम से समाज को यह बताने का प्रयास किया है कि जब तक हम किसी की पीड़ा को अनुभूत नहीं करेंगे, तब तक पर पीड़ा का वर्णन नहीं कर पायेंगे। वैसे भी शहरी जीवनशैली में रचे–बसे लोगों को वनांचल की हरियाली और वहाँ अठखेलियाँ करते हिरन, बाघ, तेंदुए बहुत लुभाते हैं। इसी कारण वे वनांचलों में जाकर प्राकृतिक सौंदर्य का भरपूर आनन्द प्राप्त करने के आकांक्षी भी होते हैं, किन्तु इसी वनांचल में घोर अभावों के बीच रोटी, कपड़ा और मकान के लिए तरसती पीड़ित मानवता की ओर बिरले ही लोगों का ध्यान जाता है। इसी पीड़ा को केन्द्र में रखते हुए सन्त तुकाराम ने अपने अभंग में मछलियों का उदाहरण देते हुए कहा है कि पानी में मछली नींद कैसे लेती है, इसका पता तो तभी चल सकता है जब आप उसके वंश में जन्म लेंगे, अर्थात– किसी की पीड़ा को अनुभूत करना है तो उसके अन्तरंग में समाना होगा। तभी आप उस पीड़ा को समझ पायेंगे। नितिन गडकरी भी एक बार अपने स्कूल की ओर से सामाजिक अध्ययन सम्बन्धी शैक्षणिक दौरे पर गये थे। यहाँ जब वे गडचिरोली ज़िले के आदिवासी जनजीवन से रूबरू हुए तो उन्हें आदिवासियों की दुरावस्था देख बेहद ग्लानि हुई थी।

नितिन गडकरी विदर्भ के अतिपिछड़े आदिवासी बहुल ज़िले गडचिरोली के वनवासी जीवन को देखने के लिए उसी तरह उत्सुक थे, जिस प्रकार शहरी जीवन जीने वाले लोग होते हैं। वहाँ पहुँचने पर छात्रों के दल को एक स्थानीय व्यक्ति घने जंगलों में मौजूद आदिवासी बस्ती तक ले गया। छात्रों के दल को एक वृद्ध आदिवासी महिला उसकी झोपड़ी के बाहर निकलते हुए दिखाई दी। नितिन गडकरी ने इससे पहले कभी आदिवासी जनजीवन नहीं देखा था। इसलिए कौतुहलवश उस वृद्धा से वनवासी जीवन के पहलू और दैनंदिन जीवनशैली के विषय में बातचीत की। सम्भवतः वह वृद्धा छात्रों का भावार्थ ठीक समझ नहीं पा रही थी और अपना भावार्थ भी ठीक से स्पष्ट नहीं कर पा रही थी, इसी दौरान उन्हें स्थानीय व्यक्ति के माध्यम से ज्ञात हुआ कि उस वृद्धा की एक बेटी भी है जो कुछ पढ़ी–लिखी है। शायद वह उनकी भाषा को समझे और प्रश्नों का समाधान कर सके, इस उद्देश्य से उन्होंने वृद्धा से आग्रह किया कि वह अपनी बेटी से मिलवाये। यह सुनकर वह वृद्धा पहले तो बेहद सकुचाई, लेकिन उन्होंने आग्रह नहीं छोड़ा तो बेटी को बुलाने वह झोपड़ी के भीतर गयी। कुछ ही देर में नितिन गडकरी के लिए अत्यन्त कल्पनातीत और मर्मस्पर्शी दृश्य उपस्थित हो चुका था। उन्होंने देखा कि झोपड़ी से बाहर आयी वृद्धा की बेटी ने वही वस्त्र पहने हुए हैं जो थोड़ी देर पहले वृद्धा ने पहन रखे थे, और अबकी बार वह वृद्धा परिदृश्य से नदारद थी। उनका का मन वनवासियों की अभावजनित दुरावस्था देख ग्लानि से भर उठा। वे इस घटना से स्तब्ध रह गये। इस दृश्य ने उनके हृदय को झिंझोड़कर रख दिया था। उन्हें उस वक्त इस बात का गहरा दुखद अहसास हुआ कि आदिवासी क्षेत्र में मानव जीवन की कितनी दयनीय अवस्था है। कितने अभावों के बीच वे जीवनयापन करने को विवश हैं। हम देश की आज़ादी के कई दशकों पश्चात भी यदि अपनी सर्वसाधारण आबादी को दो–जून की रोटी और तन ढँकने को कपड़ा भी उपलब्ध नहीं करवा सके, तो ऐसी व्यवस्था पर लानत है।

ऐसा नहीं कि व्यवस्था की इन ख़ामियों को और लोगों ने नहीं देखा। निश्चित रूप से देखा। वनांचल में इस घोर दारिद्रय और अभावों से ग्रस्त जनजीवन को जब बाबा आमटे ने देखा तो वे करुणा से भर उठे और पीड़ित मानवता की सेवा में जुट गये। जब इसी पीड़ा और असमानता को नक्सलियों ने देखा तो वे क्रोध और बदले की भावना से भर उठे। उन्होंने व्यवस्था को ध्वस्त करने की ज़िद में स्वयं अधिपति बनकर ऐसे निर्णय लिए कि कानून हाथ में लेकर व्यवस्था के ख़िलाफ विद्रोह कर उठे।... और इसी घटना से मर्मांतक होकर नितिन गडकरी के विद्यार्थी मन में यह सवाल उठ खड़ा हुआ कि क्या यह अभाव कभी कम होगा? क्या आदिवासी समाज अपनी मूलभूत ज़रूरतों को सहजता पूर्वक पूर्ण कर सकेगा? यह द्वंद्व उनके मनोमस्तिष्क में कितने ही वर्षों तक रहा। इसी प्रश्न की पृष्ठभूमि में उन्होंने व्यवस्था में परिवर्तन के लिए स्वयं को संकल्पित किया। उन्होंने अपने भीतर की क्रोधाग्नि और दर्द को सामाजिक परिवर्तन का शस्त्र बनाया और अन्तिम व्यक्ति तक मूलभूत सुविधाएँ कैसे पहुँचायी जा सकती है, इस पर मन्थन शुरू किया। जब वे इस सामाजिक अध्ययन के प्रकल्प हेतु गडचिरोली ज़िले के आदिवासी क्षेत्रों में गये थे, उस समय वे किशोरावस्था में थे। वैसे भी नितिन गडकरी को अल्पायु में ही अपने इर्द–गिर्द व्याप्त सामाजिक विषमताओं के दर्शन हो चुके थे। अपने पिता के साथ कृषि कार्यों में हाथ बँटाते समय सुदूर अँचलों में बसे अत्यन्त मेहनतकश ग्रामीण किसानों के संकटों को उन्होंने अत्यन्त निकट से जाना–समझा था। यही कारण है कि व्यवस्था जनित समस्याओं से जूझने और उनमें रचनात्मक सुधार लाने के मन्थन ने उन्हें प्रयोगधर्मी बनाया, और वे तभी से विविध समस्याओं पर सकारात्मक उपाय खोजते और अमल में लाते रहे। उनमें इसी मन्थन–चिन्तन के काल में यह वैशिष्ट्य आया कि वे न तो समस्या को अधूरा देखते हैं और ना ही अधूरा समाधान उन्हें सन्तुष्ट कर पाता है। शहरी परिवेश में जन्मे नितिन गडकरी को उनके दादा एवं परदादा की कर्तव्यनिष्ठा,

सेवा एवं ईमानदारी विरासत में मिली। कालान्तर में पिता के संघर्ष को देखकर उन्होंने समस्याओं से जूझना सीखा। माता के संस्कारों एवं मानवीय जीवनमूल्यों को आत्मसात कर संवेदना, सहयोग, सेवा और समर्पण के साथ दया, करुणा को अनुभूत किया। यही नहीं, अपने से करीब 14–15 वर्ष बड़ी दो बहनों से उन्होंने समन्वय, स्नेह और त्याग को अपने भीतर समाहित किया। इसका विलक्षण परिणाम यह हुआ कि नितिन गडकरी ने प्रत्येक व्यक्ति की आवश्यकताओं को खुद की आवश्यकता समझा। प्रत्येक के संघर्ष को स्वयं का संघर्ष माना। प्रत्येक की उन्नति और प्रगति में ही स्वयं की प्रगति को देखा। उनकी यह सोच उन्हें सर्वसमावेशक समृद्धि और प्रगति की अवधारणा की ओर ले गयी। परिणामस्वरूप उनके भीतर सामाजिक उद्यमिता साकार हुई। नितिन गडकरी यह बात अच्छी तरह समझ चुके थे कि अन्तिम छोर पर खड़े व्यक्ति का विकास और सभी को समान अवसर देने वाला जाति–धर्म–पन्थ विरहित सामाजिक परिवर्तन राजनीतिक सत्ता के गलियारे से ही सम्भव है। राजनीतिक सत्ता की सार्थकता केवल इसी बात में निहित है कि उसे देश के सामाजिक एवं आर्थिक उत्थान के साधन के रूप ही में उपयोग करें। इसी दृढ़ संकल्पित अवधारणा ने दीवारों पर नारे लिखने के लिए सफ़ेदी पोतने, पोस्टर चिपकाने, दरी उठाने और जुलूस में नारे लगाने वाले एक अत्यन्त मध्यमवर्गीय परिवार की पृष्ठभूमि से आये विद्यार्थी को सत्यान्वेषक बना दिया।

यह एक ऐसी अन्तर्यात्रा की परिणति है जो समस्त जगत के लिए न केवल विस्मयकारी है, बल्कि प्रेरणास्पद भी है। साधारण से असाधारण की ओर परावर्तन की इस यात्रा में नितिन गडकरी का स्व–प्रबन्धन ही निहित है। आत्म साक्षात्कार की दृष्टि व्यक्ति को जब स्व से सर्व की ओर ले जाती है तो दृष्टिकोण सर्वसमावेशक बन जाता है और यहीं से व्यक्ति जनकल्याण की यात्रा पर निकल पड़ता है। वर्तमान युग में मनोविज्ञानी मैस्लो भी आत्म–वास्तविकीकरण (सेल्फ एक्च्युअलाइजेशन) को ही जीवन के विकास का कारक मानते हैं।

विवेकवान बुद्धि ही आत्म साक्षात्कार का वातावरण तैयार करती है। यह आत्मसाक्षात्कार, व्यक्ति को साक्षीभाव प्रदान करता है। इसका साक्षात्कार जब मनुष्य को हो जाता है तो वह आत्मानुभूति के माध्यम से 'स्व' को प्राप्त हो जाता है, और आत्म साक्षात्कार की यही यात्रा, साधारण से असाधारण के परावर्तन का कारक बन जाती है। इसी से उपजी व्यापकता–समग्रता की मानसिकता और दृष्टिकोण उसे स्व से सर्व की ओर ले जाती है, ऐसी अवस्था को श्रीमद् भगवद्गीता में स्थितप्रज्ञ कहा गया है, यही स्थितप्रज्ञता सच्चिदानन्द अनुभूत करा देती है। इसी साक्षीभाव को कठोपनिषद में निम्नानुसार परिभाषित किया गया है।

आत्मानं रथिनं विद्धि शरीरं रथमेव च।
बुद्धिं तु सारथिं विद्धि मनः प्रग्रहमेव च।।

इन्द्रियाणि ह्यानाहुनिर्वषयाँस्तेषु गोचरान्।
आत्मेन्द्रियमनोयुक्तं भोक्तेत्याहुर्मनीषिणः।।

(कठोपनिषद 1:3:3)

अर्थात स्वयं को सारथी और शरीर को रथ। विवेक–बुद्धि को संचालक, मस्तिष्क–मेधा को बागडोर, इन्द्रियों को अश्व, प्रयोजन को प्रारब्ध मानने वाले मनीषी आत्मकेन्द्रित होकर इन्द्रियबोध एवं मनोमस्तिष्क के माध्यम से सच्चिदानन्द अनुभूत करते हैं।

यही कारण है कि नितिन गडकरी की दृष्टि सर्वसमावेशक हो गयी। धर्म–जाति–वर्ण–पन्थ की अवधारणा उनके लिए गौण हो गयी। इससे भी ऊपर उठकर उन्होंने देखा और वे 'वसुधैव कुटुम्बकम्' की भावना के साथ सशक्त भारत निर्माण की दिशा में तत्पर हुए।

स्वजन

सृष्टा

इस संसार में जब जीव जन्म लेता है तो उसे बोध ही नहीं होता कि वह कहाँ है। यह संसार उसे अवश्य पहचानता है, किन्तु उसको संसार की पहचान ही नहीं होती। ऐसी स्थिति में केवल एक ही इन्सान ऐसा होता है जो उसे सर्वप्रथम संसार का और स्वयं का ज्ञान कराता है, और जो संसार का ज्ञान कराये वही तो प्रथम गुरु होता है। इसलिए तो माँ को प्रथम गुरु कहा गया है, फिर भला नितिन गडकरी माँ के संस्कारों से रहित कैसे हो सकते हैं? भारत भूमि पर विविध भाषाएँ बोली जाती हैं और इन भाषाओं में माँ के लिए अलग–अलग सम्बोधन हो सकते हैं, लेकिन उन सम्बोधनों का एक ही अर्थ होता है 'माँ'। मराठी भाषा में माँ को 'आई' कहा जाता है। उनकी 'आई' भानुताई स्वनामधन्य थीं। मराठी में 'भान' इस शब्द का अर्थ होता है ध्यान, ध्यान का उल्लेख योगाभ्यास में आता है। योगाभ्यास में जब व्यक्ति अपने आपको अन्तर्मन से जोड़ता है यानी जब अपने बाह्य का अन्तर से योग करता है तो उसे 'ध्यान' कहते हैं। ध्यान, चिन्तन की वह अवस्था है जो हमें 'परम' का साक्षात्कार करवाती है, और भानुताई के जीवन में 'परम' तो जैसे उनकी साँसों में ही बसा था। उनका दैनंदिन जीवन 'परम' के साथ ही चलता था, और क्यों न हो, भानु का दूसरा अर्थ 'सूर्य' है। सूर्य यानी आलोक। सूर्य यानी ऊर्जा और सूर्य यानी इस सृष्टि के नियमन का सूत्रधार। सूर्य जैसे सृष्टि को आलोकित करते हुए ऊर्जा और प्रकाश प्रदान करता है। उसी प्रकार भानुताई ने भी नितिन गडकरी के जीवन को अनन्त ऊर्जा एवं अदम्य

साहस से भर दिया। इस संसार का साक्षात्कार करा दिया। अपनी प्रथम गुरु माँ से घुट्टी के रूप में मिली सुसंस्कारों की ऊर्जा पाकर उन्होंने स्वयं के 'मैं' को जलाकर सर्वसाधारण को ज्ञान के आलोक से युक्त समृद्धि देने की ठान ली।

मानसशास्त्री कहते हैं कि साधारणतः 3 वर्ष की आयु के बाद जीवन में घटित घटनाक्रम की यादें मनुष्य के मस्तिष्क में संग्रहित होने की सम्भावना रहती है। ऐसे में बाल्यावस्था के घटनाक्रम निश्चित रूप से व्यक्ति के मनोमस्तिष्क पर न केवल गहरा प्रभाव छोड़ते हैं, बल्कि यह घटनाक्रम व्यक्तित्व निर्माण में अत्यन्त महत्त्वपूर्ण भूमिका निभाते हैं। माँ भानुताई से मिली सीख अब भी नितिन गडकरी की स्मृतियों में है। अपनी बाल्यावस्था की स्मृतियाँ ताज़ा करते समय वे इस घटना का ज़िक्र करना नहीं भूलते। हुआ यूँ कि एक बार वे बाहर मैदान में खेलने गये थे। मैदान से वे अपने एक मित्र को साथ लेकर घर लौटे। उनका मित्र आँगन में ही खड़ा रहा और वे घर के भीतर गये। उन्होंने घर में मिष्ठान देखा तो उसे अकेले ही ग्रहण करना शुरू कर दिया। जब माँ ने यह दृश्य देखा तो मित्र को बाहर छोड़ अकेले ही मिष्ठान चुपके से खाने की बात पर नितिन गडकरी को काफी फटकार लगायी थी। माँ की यह सीख उनके अन्तर्मन में कुछ इस तरह समा गयी कि उस दिन से उन्होंने निज स्वार्थ से ही तौबा कर ली। यही कारण है कि नितिन गडकरी देश की परिस्थितियाँ, अभावग्रस्तों व शोषितों की अवस्था देख उद्वेलित हो जाते हैं। निज स्वार्थ से परे परमार्थिक साधन ही उनके जीवन का लक्ष्य बन जाता है। उनके मानस पटल पर ऐसे घटनाक्रम आज भी ताज़ा हैं जिन्होंने उनके मनोमस्तिष्क पर सकारात्मक छाप छोड़ी। उसका असर आज भी उनके कार्यों में स्पष्ट दिखायी देता है। कभी दुलार के रूप में तो कभी फटकार के रूप में माँ से मिली इस सीख के कारण ही उनका आज भी अपने मित्रों के प्रति अनन्य अनुराग है। कभी भी कोई पद या ओहदा अथवा राजनीतिक ऊँचाइयाँ उनके और मित्रों के बीच दीवार नहीं बनी।

वे सदैव अपने मित्रों के लिए आज भी उतने ही सहज, सरल और सुलभ हैं, जितने कि वे तीन–चार दशक पहले हुआ करते थे।

श्रद्धेया भानुताई का औपचारिक नाम प्रमिलाताई था। अमरावती का राहटगाँवकर परिवार उनका मायका था। भानुताई का विवाह श्री जयरामपन्त उपाख्य बापूसाहेब गडकरी के साथ हुआ था। गडकरी परिवार की खेती नागपुर के निकट धापेवाड़ा नामक गाँव में थी, जबकि उनका निवास महल क्षेत्र स्थित गडकरी वाड़ा था, और आज भी नागपुर और विदर्भ वासियों के लिए 'वाड़ा' का अर्थ गडकरी वाड़ा ही होता है। वाड़ा यानी गडकरी का निवास स्थान। पूर्व में राजपरिवार से जुड़े हुए अधिकार प्राप्त उच्चाधिकारियों के निवास को वाड़ा कहा जाता था। वाड़ा यानी एक बहुत बड़ा भू–भाग जिसमें अधिकार प्राप्त उच्चाधिकारी के निवास के साथ उसका निजी कार्यालय एवं परिवार तथा कार्यालय से जुड़े हुए सभी कर्मचारियों का भी निवास स्थान हुआ करता था। नितिन गडकरी के दादाजी श्री रामचन्द्र नारायण गडकरी उपाख्य तात्याजी गडकरी, नागपुर के भोंसले राजघराने के दीवान थे। वैसे तो गडकरी का मूल उपनाम हुद्दार था, किन्तु गडकरी घराने के मूल पुरूष बँकोजी हुद्दार के समय से ही इस घराने का उपनाम गडकरी हो गया था। उनके दादाजी यानी तात्याजी गडकरी अत्यन्त बुद्धिमान, प्रामाणिक व कर्मठ व्यक्तित्व के धनी थे, उन पर भोंसले राजघराने का अत्यन्त विश्वास एवं आस्था थी। उन्हें रानियों के अन्तःपुर में भी जाने की अनुमति थी। वे समस्त राजघराने के अलंकार व आभूषणों का हिसाब–किताब रखने के साथ–साथ राजमहल के प्रशासन को भी मुख्य रूप से देखा करते थे। उन्होंने अपने इसी कार्यकाल में धापेवाड़ा में कृषि हेतु जमीन क्रय की। विदर्भ प्रान्त में धापेवाड़ा दो बातों के लिए अत्यन्त प्रसिद्ध है। एक धापेवाड़ा को विदर्भ का प्रति–पंढरपुर कहा जाता है, और दूसरा, धापेवाड़ा में कोलबास्वामी महाराज का मठ भी है। यानी धापेवाड़ा एक तरह से विदर्भ का तीर्थ क्षेत्र है, जहाँ भक्ति, आस्था एवं समर्पण के संस्कार वहाँ के वातावरण में ही घुले–मिले हैं।

नितिन गडकरी के पिता जयरामपन्त उपाख्य बापूसाहेब ने जीवन भर खेती एवं कृषि कार्य ही किये। इस वजह से उनका भी झुकाव खेती–किसानी की ओर प्रारम्भ से ही रहा है। उन्हें खेती से इतना लगाव था कि वे विद्यार्थी जीवन में नियमित रूप से धापेवाड़ा स्थित अपनी खेती पर ज़ाया करते थे। बापूसाहब का पूर्ण समय खेती में ही गुजरता। नितिन गडकरी एवं उनकी बहनें नागपुर में अध्ययन करती थीं। चूँकि नागपुर में उनके दादाजी के समय से उनका महल क्षेत्र में वाड़ा था और भानुताई इसी वाड़े में निवास किया करती थीं। उनकी कुल 2 बहनें, और दोनों बहनों के पश्चात लगभग 15–16 वर्षों के अन्तराल के बाद नितिन गडकरी का जन्म हुआ। भानुताई वैसे तो जमींदार घराने की बहू थीं, लेकिन सर्वसामान्य समाज से उनका जुड़ाव अत्यन्त भावपूर्ण एवं संवेदनशील था। भानुताई के गुरु श्री जनार्दन स्वामी मध्यभारत के अत्यन्त लोकप्रिय एवं प्रतिष्ठित योग गुरु थे। वाड़े पर श्रद्धेय श्री जनार्दन स्वामी जी महाराज के योग प्रशिक्षण वर्ग नियमित रूप से हुआ करते थे। भानुताई बेहद धर्मनिष्ठ एवं धर्मसंस्कारों से ओत–प्रोत ऐसी महिला थीं जिनकी परमपिता परमेश्वर पर अटूट श्रद्धा थी। वाड़े के मन्दिर में नियमित रूप से पूजा–पाठ के साथ भजन–कीर्तन एवं सभी मासिक–त्रैमासिक एवं वार्षिक त्योहार–उत्सवों का आयोजन होता ही रहता था। भानुताई को पूजा–पाठ कर्मकाण्ड पर बेहद विश्वास था और वे यह सभी अनुष्ठान नियमित रूप से किया करती थी। इसके उलट नितिन गडकरी घर में होनेवाले पूजा–पाठ, कर्मकाण्ड पर अत्यधिक विश्वास नहीं किया करते थे, ऐसा कतई नहीं कि उनका परमेश्वर पर विश्वास और आस्था न हो, किन्तु वे सदैव ही आन्तरिक परम से जुड़ाव रखने के पक्षधर रहे हैं। शायद स्वातंत्र्यवीर सावरकर की विचारध ारा का प्रभाव ही रहा हो, जिसके चलते नितिन गडकरी गरीब, दलित–शोषितों की सेवा को ही वास्तविक पूजा–पाठ समझते हैं। गत कुछ वर्षों में धर्मपत्नी कांचन गडकरी की वजह से पूजा–पाठ

में उनका झुकाव बढ़ा भी हो, किन्तु इस मामले में वे अपने विचारों पर ही तटस्थ हैं।

नितिन गडकरी विद्यार्थी जीवन से ही अखिल भारतीय विद्यार्थी परिषद के माध्यम से सार्वजनिक जीवन से जुड़े हुए थे। उनकी संगत और पंगत कैसी है? वे किन मित्रों के साथ अधिक समय व्यतीत करते हैं? आदि बातों पर भानुताई की पैनी दृष्टि थी। भानुताई सदैव उनके मित्रों के प्रति बेहद सजग रहतीं। साधारणतः अखिल भारतीय विद्यार्थी परिषद एवं अन्य युवा संगठनों जिससे वे किशोरावस्था से ही जुड़े थे, उनकी बैठकें वाड़े पर ही हुआ करती थीं। भानुताई विशेष रूप से इस किशोर समूह के खान–पान की व्यवस्था नियमित रूप से किया ही करती थीं। उनका कोई मित्र कभी किसी कारणवश कुछ अवधि के लिए दिखायी नहीं देता, तो वे तुरन्त उस मित्र को याद करतीं। उसकी पूछताछ करतीं। उसका कुशलक्षेम जाने बगैर भानुताई को कभी चैन नहीं आता था। उन पर पैनी नज़र रखने के पीछे भानुताई का उद्देश्य यही था कि वे किसी भी अवस्था में पथभ्रमित नहीं हों। किशोरावस्था का भावावेश एवं उद्विग्नता कहीं उनके व्यक्तित्व पर कोई दुष्परिणाम न कर दे, इस बात का वे विशेष ध्यान रखती थीं। इसका एक कारण यह भी था कि वे नागपुर में अपने बच्चों के साथ अकेली निवास करती थीं। भानुताई उन्हें सदैव कहा करती थी– 'तू बड़ा होकर मोटी कमाई करने वाला या बड़ा वेतन पाने वाला अफसर नहीं भी बनेगा तो भी चलेगा। मुझे तुझसे कोई शिकायत नहीं होगी, किन्तु तू देशभक्त एवं कर्तव्यनिष्ठ नागरिक निश्चित ही बनना। उन्होंने नितिन गडकरी को एनसीसी (राष्ट्रीय छात्र सेना) से भी जोड़ा। वे एनसीसी के एयर विंग में सार्जेंट नियुक्त हुए। जिनके अधीन 40 से 45 कैडेट्स हुआ करते थे, और शायद यहीं से उनमें परस्पर सद्भाव, सामंजस्य एवं बन्धुत्व की भावनाओं को स्थापित करते हुए नेतृत्व गुणों का सूत्रपात हुआ।

व्यक्ति या व्यक्तियों से जुड़ाव यह भानुताई का एक अत्यन्त महत्त्वपूर्ण जीवनसूत्र था। उनके साथ कोई भी व्यक्ति एक बार

जुड़ जाता तो बिल्कुल परिवार की तरह सदा के लिए जुड़ा रहता। नितिन गडकरी का 'बारसा', (महाराष्ट्रीय परिवारों में शिशु के जन्म के पश्चात जब उसका नामकरण होता है, जोकि साधारणतः उसकी बुआ एवं नाना–मामा परिवार की महिलाओं द्वारा किया जाता है, इस उत्सव को बारसा कहते हैं।) श्री लक्ष्मणराव जी ठोंबरे द्वारा किया गया था, और उनका विवाह भी श्री ठोंबरे के पौरोहित्य में ही सम्पन्न हुआ। यह थी भानुताई की व्यक्तियों को जोड़कर रखने की विलक्षणता, और हमें यह गुण नितिन गडकरी में भी स्पष्ट रूप से परिलक्षित होते हैं।

वैसे तो भानुताई जमींदार घराने की बहू थीं, उन्हें उच्चवर्णीय बड़प्पन का ओहदा प्राप्त था, किन्तु स्वभावतः वे बेहद सुलझीं, परिपक्व और सभी के साथ घुल–मिलकर रहने वाली मिलनसार महिला थीं। वे पारिवारिक पृष्ठभूमि से उच्च श्रेणी की होने के बावजूद एक सर्वसाधारण गृहिणी की तरह रहती थीं। चाहे कोई भी व्यक्ति उनसे जुड़ गया तो निकटता ऐसी हो जातीं कि वे उसके हर दुःख–सुख की साझीदार हो जाती। फिर वह व्यक्ति या परिवार तो जैसे उनका अपना ही हो जाता। भानुताई नियमित रूप से समाज कार्यों से जुड़ी रहीं और समाज कार्यों के विभिन्न प्रकल्पों में जिन भी महिलाओं या कार्यकर्ताओं से उनका जुड़ाव होता उन्हें आवश्यकता पड़ने पर भानुताई बिना किसी हिचकिचाहट के बड़ी सहजता से उन आवश्यकताओं की पूर्ति कर देती। कई बार तो ऐसा भी होता कि यदि भानुताई के पास वह वस्तु नहीं होती तो वे उस वस्तु की कहीं और से व्यवस्था करवा देतीं। उन्होंने एक बार अपनी बेटियों की नयी साड़ियाँ किसी गरीब की बेटी को बड़ी सहजता से दे दी। सम्भवतः यही उदार जीवनमूल्य नितिन गडकरी के जीवन में भी सहजता से उतर आये।

यही कारण है भानुताई के नियमित संघर्षों ने उन्हें जीवन की कटु सच्चाई से परिचित कराया, किन्तु उन्होंने स्थापित जीवनमूल्यों से मुँह नहीं मोड़ा। उनके सेवाकार्य, सामाजिक कार्यों के प्रकल्प,

गरीब महिलाओं के सशक्तिकरण की योजनाएँ सतत जारी रहीं। वे बेशक अभावों में रहतीं, लेकिन किसी भी अवस्था में उन्होंने समाजसेवी कार्यों के जुड़ाव को कम नहीं होने दिया। नितिन गडकरी के पिता बापूसाहेब का सारा ध्यान रहता था धापेवाड़ा की खेती पर, सही मायनों में घर की तमाम जिम्मेदारियों को बखूबी निभाती थीं भानुताई। बापूसाहेब सार्वजनिक जीवन से पूरी तरह अलिप्त, और इसके ठीक उलट भानुताई, परिवार की समस्त जिम्मेदारियों को निभाते हुए समाजकार्य के लिए सदैव आगे। वे जनसंघ महिला आघाड़ी में थीं। राष्ट्रसेविका समिति से भी संलग्न थीं और इसी वजह से नितिन गडकरी को सार्वजनिक जीवन बाल्यकाल से ही मिला। मामा रहाटगाँवकर ने भी उनको सदैव संघर्ष के संस्कार दिये। इसलिए अपने मामा पर उनका अनन्य प्रेम था, और जब अक्टूबर 2016 में उनके मामा श्री गजाननराव रहाटगाँवकर का देहान्त हुआ तो उनको बेहद दुःख होने के साथ भावपूर्ण रिक्तता भी महसूस हुई। नितिन गडकरी की तमाम कोशिशों के बावजूद खेती की आर्थिक आय शनैः–शनैः कम होती गयी, अवस्था यह थी कि खेती धीरे–धीरे बिकने भी लगी और गडकरी परिवार रोजमर्रा के खर्चों को लेकर भी दबाव महसूस करने लगा।

कालान्तर में नितिन गडकरी के पिता बापूसाहब गडकरी का देहावसान हुआ। सिर से पिता का साया उठने के पश्चात माँ भानुताई ही उनकी सर्वस्व हो गयीं। उन्होंने अपने जीवन में सशक्त भारत निर्माण को अपना लक्ष्य बनाया और भारत देश को अपना ईश्वर, और उसकी उपासना यानी भारत राष्ट्र की भक्ति और सेवा। भानुताई के जीवन का मूल मन्त्र यह रहा है कि किसी भी समस्या की तह तक जाकर उस समस्या का समाधान वहीं से ढूँढकर निकालना। इस मूल मन्त्र को नितिन गडकरी ने इतनी शिद्दत से आत्मसात किया कि वे किसी भी चुनौती या समस्या से कभी नहीं घबराये। उन्होंने समस्या की गहराई में जाकर वहीं से

हल निकालने का प्रयास किया और सफल भी रहे। उनकी इसी सत्यान्वेषक प्रवृत्ति ने उन्हें उपाय–प्रदाता बना दिया।

भानुताई की नितिन गडकरी के प्रति भावनाओं को इन दो पंक्तियों में व्यक्त किया जा सकता है। 'समजू नको ढगा हे साधे–सुधे बियाणे, मी पेरले पिलांच्या चोचीमधले दाणे।' आबिद शेख की मराठी भाषा में रचित कविता की इन पंक्तियों का हिन्दी में भावार्थ यह है कि एक माँ आसमान में उठे बादलों से यह कहती है कि हे बादलों, तुम यह समझने की भूल मत करना कि जो बीज मैंने धरती में बोया है, वह कोई साधारण बीज है। बल्कि यह वे दाने हैं जो मैंने अपने बच्चों की चोंच से निकालकर जमीन में बोये हैं।

अर्धांगिनी

भारतीय संस्कृति में गृहस्थाश्रम का विशेष दर्ज़ा है तो गृहस्थी के प्रबन्धन में स्त्री का अनन्य महत्त्व है। इसलिए भारतीय दर्शन में कहा गया है कि पुत्र के लिए माँ प्रथम गुरु है तो पत्नी के समान अनन्य मित्र नहीं हो सकता। 'धन्यो गृहस्थाश्रम' कहकर गृहस्थ धर्म की महिमा का अतुलित बखान भारतीय मनीषियों ने किया है। वे कहते हैं– वही गृहस्थाश्रम धन्य है, जहाँ मधुरभाषिणी पत्नी, संस्कारवान सन्तान, अतिथि सत्कार, देवपूजा, सात्विक भोजन और नित्य सत्संग होता है। नितिन गडकरी की माँ भानुताई का गृहस्थ जीवन भी कुशल प्रबन्धन के साथ कुछ ऐसा ही बीता। अपने पुत्र के वैवाहिक संस्कार का कर्तव्य भी भानुताई ने पूरी सूझबूझ के साथ निभाया। उन्हें सांसारिक मापदण्डों पर खरी उतरने वाली सुशील और सुसंस्कारी बहू की चाह थी। इसी बीच भानुताई के पास रामटेक निवासी सुसंस्कारित तोतड़े परिवार की पुत्री कांचन जी का रिश्ता आया। जब भानुताई ने प्रत्यक्ष–अप्रत्यक्ष रूप से कांचन जी को नितिन गडकरी की सहधर्मिणी होने के योग्य पाया, तो उनका चयन अपनी पुत्रवधू के रूप में किया।

ऐतिहासिक दृष्टि से देखें तो रामटेक कोई साधारण स्थल नहीं है। किंवदंति है कि मर्यादा पुरुषोत्तम राम जब चौदह वर्ष के वनवास पर अयोध्या से निकले तो वनभ्रमण करते हुए उन्होंने भार्या सीता और भ्राता लक्ष्मण के साथ नागपुर ज़िले में रामटेक की पहाड़ियों के बीच कुछ अवधि के लिए विश्राम किया था। इसलिए इस स्थान को

रामटेक के नाम से पहचाना जाता है। यहाँ प्रभु श्रीराम का प्राचीन मन्दिर भी है। यह स्थान नागपुर से उत्तर–पूर्व की ओर लगभग पचास किलोमीटर दूरी पर है। कांचन जी के पिता कमलाकर तोतड़े, राष्ट्रीय स्वयंसेवक संघ (रामटेक क्षेत्र) के संघचालक थे। उन्होंने वर्ष 1977 में आपातकाल के दौरान अठारह महीने जेल में बिताए। माँ पुष्पा भी आपातकाल में सत्याग्रह आन्दोलन के दौरान कुछ अवधि के लिए जेल गयीं थीं। पिता के निधनोपरान्त कांचन जी अपने ननिहाल गायकवाड़ परिवार के पास रामदासपेठ, नागपुर में रहकर पढ़ाई कर रहीं थीं। नागपुर के धरमपेठ साइन्स कॉलेज से होम साइन्स में स्नातक होने के पश्चात उन्होंने नागपुर विद्यापीठ से स्नातकोत्तर की उपाधि प्राप्त की। उच्च शिक्षा पूर्ण होते ही उनके विवाह को लेकर प्रयास शुरू हो गये थे। इसकी चर्चा तत्कालीन प्रतिष्ठित सामाजिक कार्यकर्ता श्रीमती सुमतिताई सुकलीकर ने भी सुनी। दरअसल, आपातकाल के दौर में गिरफ्तारी के बाद कांचन जी की माता जी से उनकी नागपुर कारागार में मित्रता हुई थी। जेल से रिहा होने के बाद यह मित्रता मधुर सम्बन्धों में तब्दील हो गयी। ऐसे में उन्होंने ही कांचन जी के लिए नितिन गडकरी का रिश्ता सुझाया था। वैसे भी पहले से ही सुकलीकर और गडकरी परिवार में प्रगाढ़ स्नेह था। अतएव नितिन गडकरी और कांचन जी का वैवाहिक सम्बन्ध तय करने के लिए सुमतिताई सुकलीकर ने सेतु की भूमिका निभायी। उन्होंने तोतड़े और गायकवाड़ परिवार को नितिन गडकरी की राजनीति पृष्ठभूमि और माँ भानुताई के श्रेष्ठ संस्कारों से परिचित कराया। उन्होंने यह सलाह भी दी कि यदि नितिन गडकरी का राजनीतिक जीवन और उनकी माँ भानुताई के कुलाचार को सम्भाल लिया तो मानो साँसारिक जीवन नैया ही पार हो गयी। अन्ततः दोनों परिवारों का मिलन हुआ और नितिन गडकरी से कांचन जी का विवाह 18 दिसम्बर 1984 को सम्पन्न हुआ। विवाहोपरान्त जब कांचन जी, भानुताई की सुसंस्कारित छाया में आई तो मानों दो पवित्र संस्कारों का मिलन हो गया था। कांचन जी के लिए कुलाचार का

अनुपालन तो सामान्य बात थी, किन्तु नितिन गडकरी की राजनीतिक सक्रियता के चलते पारिवारिक चुनौतियों से तारतम्य बिठाने में उनको चार–पाँच वर्ष लग गये। यही वह समय था, जब उन्हें संयम, सहिष्णुता, समन्वय, विवेकशीलता की कसौटी पर खरा उतरना था, और इसमें वे सफल भी रहीं। भानुताई के संस्कारों ने जिस तरह नितिन गडकरी को सशक्त भारत निर्माण के लिए तैयार किया, ठीक उसी तरह उचित नियोजन में भानुताई, कांचन जी की मार्गदर्शक साबित हुईं। यह उन्हें अपने माता–पिता से मिले सुसंस्कारों का ही नतीजा था कि उन्होंने भानुताई के मार्गदर्शन में परिस्थितियों से तालमेल बनाना सीखा। इसके बाद तो परिस्थितियाँ सापेक्ष होती चली गयीं। नितिन गडकरी के सन्दर्भ में विवाह से पूर्व और विवाह पश्चात कई विनोदी प्रसंग आये, जो उन्हें आज भी याद हैं। उनका स्मरण होते ही उनके चेहरे पर एक मधुर मुस्कान तैर जाती है।

विवाह से पूर्व का वह प्रसंग कांचन जी अब भी पूरी शिद्दत से दोहराती हैं। उनके अनुसार, नितिन गडकरी पहली बार अपने परिजनों के साथ उनके घर रिश्ता लेकर पहुँचे थे। आमतौर पर वर पक्ष के लोग इस घड़ी में आचार–व्यवहार, खान–पान में सतर्क और शिष्टाचारवश कुछ–कुछ संकोची भी हो जाते हैं। इन क्षणों में केवल वैवाहिक सन्दर्भ में बातचीत और चाय–नाश्ते की औपचारिकता का ही निर्वाह होता है, लेकिन उन्होंने पहली ही मुलाक़ात में नितिन गडकरी को इसके विपरीत पाया। उनमें औपचारिकता और संकोच तो दूर, दूजाभाव तक नज़र नहीं आया। उनके अत्यन्त सरल, सहज और बेहिचक व्यवहार में अपनेपन का परिचय मिल रहा था। कांचन जी के घर अतिथि सत्कार के दौरान प्रस्तुत किया गया आलू–पोहा नितिन गडकरी को इतना स्वादिष्ट लगा कि उन्होंने निःसंकोच होकर न केवल आलू–पोहा दोबारा माँग लिया अपितु यह भी कहा कि यदि घर में दही हो तो उन्हें चाहिए। किसी को भी विस्मित करने वाली नितिन गडकरी की यह बेबाकी सचमुच कमाल की है। स्वाभाविक भी है कि जब कोई व्यक्ति प्रामाणिकता से सार्वजनिक जीवन जीता है

तो उसमें अपने–पराये का भेद स्वतः ही समाप्त हो जाता है, और नितिन गडकरी का यही वैशिष्ट्य उस समय प्रकट हुआ था।

उस समय कांचन जी से भानुताई की वह पहली ही मुलाक़ात थी। भानुताई ने उनके घर–परिवार का अत्यन्त सूक्ष्मता से निरीक्षण किया और सन्तुष्ट होने के बाद ही रिश्ते के लिए हामी भरी। भानुताई के मनोमस्तिष्क में नितिन गडकरी के सार्वजनिक जीवन का संकल्प हमेशा कायम रहता था। वे चाहती थीं कि पुत्र के विवाह के पश्चात उसकी पत्नी भी पुत्र के संकल्पों में भागीदार एवं पूरक बने। इसी वजह से उनका पूरा ध्यान तद्नुसार योग्य चयन पर ही था। भानुताई को अपने पुत्र के लिए सुयोग्य वधू चाहिए थी तो तोतड़े परिवार को भी अपनी पुत्री के लिए ऐसे श्रेष्ठ वर की तलाश थी जो शराब जैसे बुरे व्यसनों से दूर हो। वैवाहिक सम्बन्ध बनाते समय कई बार ऐसा होता है कि वर की जितनी अच्छाइयाँ गिना दी जाती हैं, विवाह के बाद वह अच्छाइयाँ कहीं नज़र ही नहीं आती। कांचन जी की अपेक्षा थी कि उनका जीवनसाथी शराब, सिगरेट जैसे दुर्व्यसनों से दूर और पूर्णतः शाकाहारी होना चाहिए, और नितिन गडकरी उनकी अपेक्षा पर सौ फीसदी खरे उतरे।

नितिन गडकरी ने कांचन जी को पसन्द तो किया, लेकिन विवाह के लिए औपचारिक स्वीकृति देने में उन्हें एक महीने का समय लगा। ऐसा इसलिए हुआ क्योंकि उनका एक परम मित्र कैंसर से ग्रस्त था और वे उसकी सेवा में दिन–रात एक किये हुए थे। यह उनकी सार्वजनिक जीवन में व्यस्तता की पराकाष्ठा थी। विवाह के उपरान्त भी वे सार्वजनिक जीवन में इतने व्यस्त रहे कि कांचन जी को अपना पूरा समय नहीं दे पाते थे। समय के मामले में अनिश्चितता सदैव बनी रही। कभी–कभी तो शाम तक आने का आश्वासन देकर जाने वाले नितिन गडकरी कई शाम तक न तो घर लौटते और न कोई सन्देश आता। कांचन जी के मायके की पृष्ठभूमि संघसमर्पित अवश्य रही है। किन्तु समयानुशासन अथवा सूचनाओं का आदान–प्रदान

करने के सन्दर्भ में उनका सामना इस तरह की परिस्थितियों से पहले कभी नहीं हुआ था।

दरअसल, राजनीतिक जीवन जीते हुए व्यक्ति कभी–कभी ऐसी दुविधा में फँस जाता है कि वह निर्णय ही नहीं कर पाता कि दोनों में से किस कार्यक्रम को प्राथमिकता देनी है। खासतौर से उस समय जब यह दोनों ही कार्यक्रम व्यक्ति के लिए अत्यन्त महत्त्वपूर्ण हो। ऐसे में किसी एक कार्यक्रम के साथ समयानुशासन के पालन में न्याय करना कठिन हो जाता है, और कांचन जी को इसका अनुभव बेहद करीब से हुआ था। विवाह के दो दिन पश्चात 20 दिसम्बर 1984 को महाराष्ट्रीय परम्परानुसार रामटेक में एक विशिष्ट वैवाहिक रस्म अदायगी "माँडव परतणी" के लिए नितिन गडकरी को पहुँचना था। इस रस्म में दामाद को अपने सगे–सम्बन्धियों के साथ ससुराल में आमन्त्रित किया जाता है, जहाँ विशिष्ट भोजनोपरान्त सभी आगंतुक वापस अपने घर लौट आते हैं। इस रस्म अदायगी के पश्चात विवाह के समस्त संस्कारों का समापन हो जाता है। इस रस्म में वधूपक्ष के सभी सगे–सम्बन्धी, वर पक्ष के स्वागतार्थ उपस्थित रहते हैं और बड़ी ही आतुरता से उनकी प्रतीक्षा करते हैं, लेकिन ऐसे महत्त्वपूर्ण अवसर पर भी नितिन गडकरी नहीं पहुँच सके थे। उनके निवास पर ठीक उसी दिन सरसंघचालक श्री बालासाहेब देवरस पधारने वाले थे। इस कारण वे इस अत्यन्त महत्त्वपूर्ण समारोह में नहीं पहुँचे। कांचन जी को इस बात से बेहद निराशा तो हुई, किन्तु विषय की गम्भीरता को समझते हुए उन्होंने अपने मन को समझा लिया। वैसे भी नितिन गडकरी के राजनैतिक जीवन का पारिवारिक जीवन पर पड़ने वाला प्रभाव, कांचन जी विवाह से पूर्व भी अनुभूत कर चुकी थीं। उनके अनुसार, विवाह सम्बन्ध तय होने के पश्चात दोनों ने नागपुर के अंबाझरी बगीचे में भ्रमण का निश्चय किया। जब दोनों वहाँ पहुँचे तो नितिन गडकरी का ज्यादातर समय वहाँ मिले मित्रों के साथ ही चर्चा में गुजर गया। तभी से कांचन जी को इस बात का अहसास हो गया था कि नितिन गडकरी का सार्वजनिक जीवन

अत्यन्त विशाल है। अस्तु, उन्हें भविष्य में कभी एकसाथ सार्वजनिक स्थानों पर नहीं जाने का निर्णय लेना पड़ा।

विवाह के पश्चात प्रारम्भिक वर्षों का वह दौर उन्हें अब याद है, कांचन जी के शब्दों में–'मैंने जैसा सोचा था वैसा ही व्यक्तित्व नितिन जी में पाया, लेकिन राजनीति से जुड़े होने के कारण न तो उनके घर से जाने का समय था और न घर पर आने का।' जब–जब भी ऐसी परिस्थितियाँ बनतीं, उनको सुमतिताई की उन बातों का स्मरण हो आता जिसमें उन्होंने कहा था कि यदि भानुताई का कुलाचार और पति का सार्वजनिक जीवन सम्भाल लिया तो दाम्पत्य जीवन अत्यन्त सुचारू ढंग से चलेगा। वे कहती हैं–बेहद सरलता से बोले गये इन दोनों विषयों को सम्भालने में प्रारम्भिक वर्षों में मैं जितनी विचलित और तनावग्रस्त हुई थी, उतनी शायद ही कभी हुई हो।

भानुताई का सन्दर्भ लेकर वे बताती हैं कि नितिन गडकरी प्रारम्भ से ही औपचारिक शिक्षा के प्रति कभी भी गम्भीर नहीं रहे। हालाँकि उन्होंने वाणिज्य में स्नातक के साथ कानून में भी उपाधि और बिजनेस मैनेजमेंट में डिप्लोमा भी किया, किन्तु उन्होंने अपनी माँ को स्पष्ट कर दिया था कि वे वक़ालत नहीं करेंगे। जहाँ तक उनकी स्मरणशक्ति का प्रश्न है, तो इस मामले में वे बेहद विलक्षण हैं। देश–काल और परिस्थितियाँ व्यक्ति को कभी कभी इतना व्यस्त कर देती है कि वह अपने अध्ययन के लिए भी समय नहीं निकाल पाता। नितिन गडकरी के साथ भी कुछ ऐसी ही परिस्थितियाँ रहीं कि उन्हें निरन्तर पढ़ाई करने का समय ही नहीं मिला, किन्तु जो भी समय मिला वह ऐन परीक्षा के मुहाने पर ही मिला, फिर भी वे परीक्षा की पूर्व संध्या को गम्भीरता से पढ़ाई कर उत्तीर्ण होते रहे। कांचन जी कहती हैं कि अपनी एकपाठी याददाश्त की विलक्षण क्षमता के चलते आज भी व्यक्ति और उसकी समस्याएँ याद रखने की अभूतपूर्व क्षमता रखते हैं। एक बार किसी ने भी अपनी समस्या उनके समक्ष रख दी, तो फिर सम्भव है कि वह व्यक्ति भूल जाये,

किन्तु वे ना तो व्यक्ति को भूलते हैं और ना ही उसकी समस्या को। प्रत्येक को समाधान देने का प्रयास करने लिए उनके पास असाधारण ऊर्जा है एवं विलक्षण क्षमता। उनके एक और वैशिष्ट्य के विषय में वे कहती हैं कि मान लीजिए कहीं किसी चीज़ की आवश्यकता है और कहीं दूसरी ओर उसकी उपलब्धता, फिर चाहे वह व्यक्ति विशेष के विषय में हो, किसी विशिष्ट तकनीक या कला कुशलता का विषय हो या फिर कोई प्रकल्प सम्बन्धी जानकारी हो, इन सभी मामलों में आवश्यकता और उपलब्धता का मेल कराना और न केवल मेल कराना बल्कि भविष्य में अवसर मिलने पर उस मेल–मिलाप के परिणामों की पूछताछ करते रहना, इसका उनमें स्वाभाविक गुण है। यह सब कुछ उनके अवचेतन मस्तिष्क में कुछ इस तरह संचित रहता है जैसे कोई व्यक्ति बैंक में अपनी जमापूँजी रखता हो और आवश्यकता पड़ने पर निकाल लेता हो। कांचन जी उनकी इस विलक्षणता को ईश्वरीय अनुकम्पा ही मानती हैं।

यह बात अक्सर कही जाती है कि व्यक्ति की सफलता के पीछे नारी की भूमिका होती है। नितिन गडकरी भी इससे अछूते ही नहीं बल्कि दोहरे भाग्यशाली हैं कि उनके जीवन को प्रभावशाली बनाने में एक की बजाय दो महिलाओं की भूमिका रही है। माँ भानुताई ने उनके जीवन का ताना–बना बुना है तो सहधर्मिणी कांचन जी ने अपनी इहलौकिक मनोकांक्षाओं का त्याग कर परिवार पग–पग पर सँवारा है। भानुताई ने बीज की तरह अस्तित्वहीन होकर नितिन गडकरी के रूप में वट वृक्ष को अस्तित्व में लाया है। यह प्रकृति का नियम है कि जब तक बीज अस्तित्वहीन नहीं होगा, तब तक नया वृक्ष अस्तित्व में नहीं आ सकता। बीज की जान अँधेरे में जिबह (अन्त होना) होती है तभी नयी कोंपलों की सुबह होती है। कांचन जी को याद है कि उस समय भानुताई का स्वास्थ्य बेहद ख़राब ही रहता और वे पुत्र को अपने बिगड़ते स्वास्थ्य की वजह से होनेवाली तक़लीफ़ कभी भी नहीं बताती थीं। विवाह के प्रारम्भिक वर्षों में

भानुताई ने उन्हें भावनात्मक रूप से बहुत सम्भाला। वे बताती है कि मेरे एम.एससी. होने के बावजूद वे मेरी नौकरी करने के सन्दर्भ में सहमत नहीं थे। उसका प्रमुख कारण था माँ का बिगड़ता स्वास्थ्य एवं उनका सार्वजनिक जीवन। यह दोनों चुनौतियाँ इतनी बड़ी थीं कि पारिवारिक जिम्मेदारियों को निभाने के लिए मेरा गृहिणी बनकर रहना और पारिवारिक प्रबन्धन करना आवश्यक हो गया था। फिर जीवनसाथी के संकल्प के साथ पारिवारिक दायित्वों को निभाने के लिए आपसी सामंजस्य बिठाकर समन्वय स्थापित करना ही पड़ता है। हम दोनों के व्यक्तित्व एक–दूसरे के विपरीत छोर हैं। बावजूद इसके हम दोनों के बीच इस तरह का स्नेहपूर्ण तालमेल है कि कभी एक–दूसरे को शिकायत का अवसर नहीं दिया। परिस्थितियाँ इतनी कठिन रहीं कि मेरा प्रारम्भिक वर्षों में घर के बाहर निकलना बेहद दूभर होता था। यदि मनोरंजन के लिए सिनेमा–नाटक जाना हो तब भी वे अकेले कभी नहीं गये। पहले तो विवाह के 7 से 8 वर्ष बाद हम सिनेमा देखने गये, और वह भी परिवार व मित्र परिवार के कुल 19 व्यक्तियों के साथ। उनके साथ अकेले कहीं जाने का अवसर मिला हो, इसका स्मरण तो मुझे आता ही नहीं। वैवाहिक जीवन में कभी भी निजता का नहीं होना, कांचन जी को सतत परेशान भी करता था, और अन्तर्मन में एक अजीब सा तनाव बना रहता था। ऐसे में उनका धैर्य एक बार तो विचलित हो उठा था। उनके मन में प्रश्न भी उठे कि क्या जीवन भर यही सिलसिला बना रहेगा? इस मानसिक उथल–पुथल को भानुताई के राहतभरे शब्दों ने शान्त किया। उन्होंने यह भी अनुभव किया कि भानुताई स्वयं अस्थमा से पीड़ित होने के बावजूद नितिन गडकरी के राजनैतिक जीवन में इसलिए सहयोग प्रदान किया करती थीं, ताकि सशक्त भारत निर्माण का संकल्पव्रती पुत्र अपने लक्ष्य की ओर बढ़ सके। भानुताई के सन्दर्भ में चर्चा करते समय कांचन जी बेहद भावुक हो जाती हैं। वे भानुताई को प्रेरणा मानती हैं। वे कहती हैं कि भानुताई इतनी प्रगतिशील विचारधारा की

साहसी महिला थीं कि उन्होंने अपने विवाह के पश्चात मैट्रिक की परीक्षा उत्तीर्ण की। तदनन्तर सेवा सदन संस्थान में मॉन्टेसरी का प्रशिक्षण लिया, जिसका उस कालखण्ड में बेहद महत्त्व था।

अमरावती निवासी रहाटगाँवकर परिवार नितिन गडकरी का ननिहाल है। यह परिवार आधुनिक शिक्षा को अपनाने के साथ साथ उद्यमशीलता का धनी रहा है। इन सब गुणों का उन पर भी सकारात्मक प्रभाव देखने को मिला। जैसा कि कांचन जी को भानुताई ने बताया कि नितिन जब 8 वीं कक्षा में पढ़ते थे, तब भी परिवार की आर्थिक परिस्थिति को भाँपने की समझ उनमें थी। जो भी साधन अपने पास हैं उनसे ही उद्यम शुरू करने का गुण उनमें अल्पायु से ही था, यही कारण है कि 13–14 वर्ष की आयु में उन्होंने अपने घर में रखे पुश्तैनी बर्तनों को वैवाहिक या अन्य कार्यक्रमों में किराये पर देना शुरू कर दिया था, यह उनके जीवन का पहला उद्यम रहा। कालान्तर में वर्ष 1983–84 में उन्होंने अपने घर के नीचे ही नीलम फर्निचर उद्योग शुरू किया था।

नितिन गडकरी विविध प्रतिभाओं के धनी, किन्तु नौकरी में कतई रुचि नहीं रखने वाले और छोटे–मोटे व्यवसाय भी करने को उत्सुक थे। उस समय नागपुर में व्यावसायिक क्षेत्र में ब्राह्मण परिवारों की दखल नहीं के बराबर थी। उनके सम्पर्क में जो भी व्यक्ति आता है उसे स्वरोज़गार या व्यवसाय के लिए प्रेरणा देना, यह उनमें साहजिक गुण है। हमारे निवास के क्षेत्र में अनेकों युवकों को उन्होंने छोटे–छोटे उद्योगों के लिए न केवल प्रेरित किया बल्कि बैंकों से उन्हें कर्ज़ तक दिलवाने की व्यवस्था की। वे स्वयं के अनुभवों से सीखने वाले व्यक्ति हैं। वर्ष 2001 में हुई भीषण कार दुर्घटना को स्मरण करते हुए वे कहती हैं कि उसी दौर में पूर्ति सामाजिक उद्योग समूह के प्रथम कारखाने का भूमिपूजन था। दुर्घटना इतनी भीषण थी कि उनके लिए व्यक्तिशः हिलना–डुलना भी सम्भव नहीं था। बावजूद इसके उन्होंने कारखाने के भूमिपूजन को टाला नहीं। कांचन जी के अनुसार, उस समय पुत्र निखिल कोई 18–19 वर्ष का रहा होगा। उसे डेयरी उद्योग लगाने के लिए प्रेरित किया।

वे सदैव इस बात में विश्वास रखते हैं कि जब तक कोई व्यक्ति स्वयं किसी कार्य को करने का अनुभव नहीं ले लेता तब तक वह अच्छी तरह उद्योग–व्यवसाय का संचालन नहीं कर सकता। वे सदैव समय से आगे चलने और सोचने के पक्षधर रहे हैं। प्रति वर्ष हमारा परिवार 8 से 10 दिनों के लिए अत्यन्त निजी पारिवारिक विदेश यात्रा पर जाता है। मुझे कई वर्ष पूर्व हुई जर्मनी यात्रा का अनुभव आज भी याद आता है। जब टैक्सी ड्राइवर से सहज रूप से चर्चा करते समय उन्होंने सोलर ऊर्जा की उपयोगिता के सन्दर्भ में सुना। उन्हें तत्क्षण इस बात का अहसास हुआ कि यह ऊर्जा की वैकल्पिक तकनीक भारत के लिए बेहद लाभदायी हो सकती है। उन्होंने उसी टैक्सी ड्राइवर से सोलर ऊर्जा प्रकल्प तक चलने को कहा, वहाँ पहुँचकर इस वैकल्पिक ऊर्जा स्रोत के सन्दर्भ में बहुत सी जानकारी एकत्र की साथ ही फोटोग्राफ्स भी लिए, और भारत आने के पश्चात सोलर ऊर्जा पर आधारित सामाजिक उद्यम की शुरुआत की। अफ्रीकन जंगल सफारी के समय यह संकल्पना की कि यदि इसी प्रकार से अत्यन्त प्रोफेशनल ढंग से सुव्यवस्थित व सुचारू जंगल सफारी हमारे विदर्भ के जंगलों में भी संचालित की जा सकती है, जहाँ दुर्लभ बाघों के साथ अन्य वन्यजीव भी बहुतायत में हैं, इससे पर्यटन उद्योग को बढ़ावा मिलेगा और लोगों को रोज़गार। निजी पर्यटन के दौरान भी उनके मस्तिष्क में सदैव अपने देश के लिए कुछ–न–कुछ नया करने की ललक बनी रहती है। वे इस सन्दर्भ में सतत विचार करते रहते हैं कि ऐसी कौन सी व्यवस्था लाई जाये जिससे सर्वसामान्य लोगों तक योजनाओं का लाभ पहुँचे।

वैसे भानुताई भी महिलाओं के विविध सामाजिक संगठनों के माध्यम से महिला सशक्तिकरण की दिशा में सक्रिय योगदान देती रहीं। जब अस्थमा की पीड़ा के चलते उनसे सक्रिय योगदान देना कठिन होने लगा तो उन्होंने कांचन जी को यह कार्य करने की प्रेरणा दी। वे अपनी गृहस्थी की जिम्मेदारियों के निर्वहन उपरान्त जो भी समय शेष रहता उसका सदुपयोग महिला सशक्तिकरण से

जुड़े सामाजिक कार्यों में करतीं। आमतौर पर कोई भी राजनेता जब अपने राजनीतिक क्षेत्र में व्यस्त रहता है तो उस क्षेत्र की महिला कार्यकर्ताओं को लगता है कि उनकी पत्नी भी सामाजिक कार्यों में अपनी सक्रिय भूमिका निभाएँ। ताकि क्षेत्र की महिला कार्यकर्ताओं को अपने विषय रखने हेतु एक सशक्त माध्यम मिल सकें। भानुताई को इसका आभास होते देर नहीं लगी और उन्होंने कांचन जी को महिला सशक्तिकरण के क्षेत्र में सक्रिय भागीदारी के मार्ग खोल दिये, ताकि राजनीतिक व्यस्तताओं के कारण नितिन गडकरी की कई–कई दिनों तक लगातार रहने वाली अनुपस्थिति के चलते उन्हें रिक्तता महसूस नहीं हो और उनकी ऊर्जा महिला सशक्तिकरण जैसे सकारात्मक कार्यों में प्रवाहित हो सके। उन्होंने न केवल कांचन जी की ऊर्जा को इस दिशा में प्रवाहित किया बल्कि शुरुआती दिनों में तो एक गुरु की भूमिका का निर्वाह करते हुए उन्हें सार्वजनिक जीवन में क्या बोलना है, यह भी एक कागज पर लिखकर देती रहीं। इसके पीछे शायद भानुताई का यही उद्देश्य निहित रहा होगा कि जिस तरह उन्होंने अपने पुत्र को संस्कार, आचार–विचार, रहन–सहन और उच्च प्रतिमानों की सीख दी, ठीक उसी तरह उनकी पुत्रवधू भी महिला सशक्तिकरण की दिशा में कार्यरत हों। भानुताई से मिले धैर्य, संबल और प्रेरणा के चलते धीरे–धीरे कांचन जी अपने जीवन की दशा और दिशा को समझने लगी थी और उन्हें महसूस होने लगा था कि गृहस्थ जीवन की जिम्मेदारियाँ पूर्ण करने के साथ ही उन्हें सामाजिक क्षेत्र में भी योगदान देते रहना है। जहाँ तक कांचन जी की निजी पसन्द का प्रश्न है, तो उन्हें बचपन से ही ललित कलाओं, कथा–कहानियों जैसे साहित्य व संगीत में रुचि रही। नितिन गडकरी ने जब उनकी इस रुचि को समझा तो उन्होंने अपने पसन्दीदा क्षेत्र की ओर बढ़ने के लिए उन्हें प्रेरित किया ताकि भारतीय साहित्य–संस्कृति, संगीत और लोककलाओं की गौरवशाली विरासत के संवर्धन के प्रति उनकी लगन को न्याय मिल सके।

यह नितिन गडकरी के कुशल मानव संसाधन प्रबन्धन कौशल का ही एक हिस्सा था कि उन्होंने कांचन जी को गृहस्थ जीवन के प्रति उनकी प्राथमिकताओं का आभास कराते हुये उनकी आन्तरिक ऊर्जा को सकारात्मकता की ओर प्रवाहित कर दिया। इससे जहाँ उनके भीतर मौजूद प्रतिभारूपी ऊर्जा को दिशा मिली वहीं उनका नितिन गडकरी के सशक्त राष्ट्र निर्माण के संकल्प के साथ होना भी सार्थक हो गया।

उस काल में मोबाइल फोन नहीं था। लम्बे समय तक गडकरी वाड़े में लैंडलाइन फोन भी नहीं था। इसका परिणाम यह होता था कि घर आनेवाले आगंतुक की कोई पूर्व सूचना नहीं मिल पाती थी। कई बार उनके साथ समकालीन बड़े–छोटे राजनेता या उनके अपने सहयोगी कार्यकर्ता आठ–दस या कभी उससे भी अधिक संख्या में अचानक घर पहुँच जाते। फिर अचानक ही सभी के नाश्ते की या कभी भोजन की व्यवस्था तुरन्त करना, कांचन जी के लिए रोजमर्रा का विषय हो गया था। इन आकस्मिक परिस्थितियों के प्रबन्धन में उन्हें धीरे–धीरे निपुणता प्राप्त होने लगी। उन्होंने नितिन गडकरी से जुड़ी सभी परिस्थितिजन्य चुनौतियों का सहजता से प्रबन्धन करना बखूबी सीख लिया। उनकी प्रबन्धन क्षमता में इतनी अधिक बढ़ोतरी हुई कि कल तक जो चुनौती उन्हें पर्वतारोहण की तरह कठिन लगती थी, वे अब ढलान की तरह आसान हो गयी थी।

विवाह के कुछ काल बाद नितिन गडकरी का राजनीतिक कद भी बढ़ने लगा था। भारतीय जनता पार्टी में उनका प्रभाव भी बढ़ता ही जा रहा था। राज्य में पार्टी की सरकार बनते ही उन्हें मन्त्री पद के निर्वाह की जिम्मेदारी भी मिली, लेकिन इसके साथ ही एक बड़ी जिम्मेदारी भी उनकी प्रतीक्षा कर रही थी और वह थी भावी पीढ़ी का शैक्षणिक प्रबन्धन। मन्त्री पद पर आसीन किसी भी व्यक्ति के पुत्र की आज के परिवेश में शिक्षा–दीक्षा की कल्पना करें तो वह किसी उच्चस्तरीय अंग्रेज़ी स्कूल से शुरू होकर किसी विदेशी यूनिवर्सिटी

तक ही पहुँचती नज़र आती है। लेकिन भावी पीढ़ी के शैक्षणिक प्रबन्धन को लेकर नितिन गडकरी की परिकल्पना विशुद्ध भारतीय परिवेश से ही होकर गुजरती है। उनका मानना है कि बच्चों को भले ही उच्च प्रतिमानों से युक्त ज्ञान–विज्ञान की शिक्षा मिले, लेकिन यह शिक्षा भी बालक हमेशा भारतीय सांस्कृतिक परिवेश में रहकर ही प्राप्त करे। यही कारण था कि उन्होंने अपने दोनों पुत्रों की शिक्षा–दीक्षा का प्रारम्भ सरस्वती शिशु मन्दिर से किया। यह उनकी ही सीख और सापेक्ष सोच का ही परिणाम है कि आज उनके पोते भारतीय सांस्कृतिक परिवेश से ओतप्रोत भारतीय विद्या भवन में शिक्षा ग्रहण कर रहे हैं। बच्चे आधुनिक नहीं हुए तो चलेगा, लेकिन संस्कारी होने चाहिए। उनका व्यवहार कुशल होना आवश्यक है। वे बच्चों के शैक्षणिक परिणामों को लेकर नाराज भी नहीं होते, किन्तु यदि उन्होंने रिश्ते निभाने में कोई लापरवाही की तो यह विषय उनके लिए अत्यन्त गम्भीर हो जाता है। बच्चों के विवाह सम्बन्ध तय करने के दौरान भी वे अपनी माँ भानुताई की तरह संस्कारवाद पर कायम रहे। कहने का अर्थ यही कि नितिन गडकरी उस मूल को कभी नहीं भूलते जहाँ से उन्हें विशुद्ध भारतीय संस्कृति को आत्मसात करने की प्रेरणा मिली और उसके चलते ही आज वे विविध कठिन संघर्षों से जूझते हुए इस मुकाम तक पहुँचे हैं। यहाँ इस बात का उल्लेख करना भी अत्यावश्यक है कि उन्होंने बड़ी दृढ़ता से अपनी भावी पीढ़ी को अपना पद और प्रतिष्ठा विरासत में देने से स्पष्ट इनकार करते हुए उन्हें उनके जीवन विकास पथ को स्वयं साकार करने के लिए प्रेरित किया।

नितिन गडकरी के साथ व्यतीत किये पलों को याद करते हुए कांचन जी कहती हैं कि राजनीति और सत्ता से जुड़े होने के कारण नितिन जी अक्सर ज्ञात–अज्ञात तनाव से भरे रहे, लेकिन उन्होंने परिवार में अपनी असहजता को कभी भी जाहिर नहीं होने दिया। वे विधान परिषद सदस्य बने, महाराष्ट्र के लोक निर्माण मन्त्री बने, भाजपा के प्रदेश एवं राष्ट्रीय अध्यक्ष रहे और वर्तमान में केन्द्रीय मन्त्री भी हैं।

इस दौरान वे जब–जब भी घर पहुँचे, हमने कभी इस बात को अनुभूत नहीं किया कि घर पर किसी राजनीतिक नेता या मन्त्री का आगमन हुआ है। उनके मनोमस्तिष्क में राष्ट्रव्यापी सरोकार तो होता, लेकिन परिवार में इसे कभी प्रकट नहीं करते थे। एक समय ऐसा भी आया था, जब भाजपा के संविधान में संशोधन केवल इसलिए किया गया था कि उनको दोबारा राष्ट्रीय अध्यक्ष की जिम्मेदारी सौंपी जा सके। इसी दौर में उन पर कुछ ऐसे अनर्गल आरोप लगाये गये थे जिसके चलते उन्हें राष्ट्रीय अध्यक्ष पद से स्वयं ही मुक्त होना पड़ा। हालाँकि यह दो दिन उनके लिए बेहत तनाव से भरे रहे, लेकिन मुझे याद नहीं कि वे परिवार के बीच कभी तनावग्रस्त दिखाई दिये हों। कांचन जी बताती हैं, कि इसी दौर में नितिन जी के साथ हम सपरिवार एक स्थान पर डिनर के लिए गये थे, वहाँ उन्होंने पूरे परिवार के साथ आनन्दमय वातावरण में डिनर लिया। हम सभी प्रसन्न थे, मैं बार–बार उनके मुखमण्डल पर उस तनाव की रेखाओं को पढ़ने का प्रयास करती रहीं, लेकिन तनाव की वह रेखाएँ देखने में मैं विफल रही।

नितिन जी की यह स्थिति ठीक वैसी ही थी जैसे पानी में तैरती बत्तख। जिसे देखने वालों को तो यही लगता है कि बत्तख पानी पर शान्त चित्त होकर तैर रही है लेकिन कोई यह देख नहीं पाता कि पानी के भीतर उसके पैर चप्पू की तरह चलायमान होते हैं। उनका व्यक्तिगत तनाव को संभालने का यह तरीका वास्तव में किसी को भी चमत्कृत कर सकता है।

राजनीति में भाँति–भाँति के लोग होते हैं, कई लोग जो व्यक्तित्व से बहुत बड़े दिखते हैं, लेकिन मन के बहुत छोटे होते हैं। इसके विपरीत कांचन जी ने पाया कि बहुधा जो लोग व्यक्तित्व से छोटे दिखाई हैं उन लोगों का मन बहुत बड़ा होता है। वे कहती है, नितिन जी सदैव उदार स्वभाव और बड़े मन के हैं। उन्हें इसकी प्रेरणा अटल जी की इस कविता से मिली, जिसे वे अक्सर गुनगुनाते रहते हैं, ''छोटे मन से कोई बड़ा नहीं होता और टूटे मन से कोई खड़ा नहीं होता।'' कांचन जी के अनुसार नितिन जी पारिवारिक

सदस्यों के साथ हिल–मिलकर अत्यन्त प्रसन्न रहते हैं। उन्हें देखकर आश्चर्य होता है केन्द्र के कई विभागों को सम्भालने वाले धीर–गम्भीर व्यक्तित्व के धनी नितिन जी परिवार में इतने स्वस्थ एवं प्रसन्न कैसे दिखायी देते हैं। वे कहती हैं कि नितिन जी की सन्तुष्टि गीत–संगीत के साथ–साथ परिवार के बीच रहकर सभी से बातचीत करने में दिखाई देती है। परिवार के हर सदस्य को विश्वास में लेकर वे विविध विषयों पर चर्चा करते हैं। कालान्तर में उन्होंने तो मुझे भी व्यवसाय शुरू करने के लिए प्रेरित किया था। उन्होंने महाराष्ट्रीयन व्यंजनों का एक्सक्लूसिव किचन शुरू करने का सुझाव दिया था।

अपनी अर्धांगिनी के अपने जीवन में योगदान पर नितिन गडकरी ने एक बार एक सार्वजनिक साक्षात्कार में कहा था कि 'हिम्मत यही निवेश या हिम्मत यही पूँजी, और इसके सहारे जीवन में आये सभी उतार–चढ़ावों का सामना हमने पूरी दृढ़ता से एक–दूजे के साथ मिलकर किया। अच्छाई किसी एक व्यक्ति विशेष से बँधी नहीं रहती, उसकी राह पर तो कोई भी चल सकता है, क्योंकि यह शाश्वत सत्य है कि जीवन में की गयी अच्छाइयों के बदले अच्छाइयाँ ही मिलती हैं। हाँ, यदा–कदा यह होता है कि अच्छाई के बदले में मिलने वाली अच्छाई कुछ विलम्ब से आये, इसका धैर्य तो रखना ही पड़ता है। इस सूत्र को जीवन का मूल सिद्धान्त मानकर हम आगे बढ़े। शुभचिन्तकों का आशीर्वाद हम पर सदैव बना है, ऐसा विविध प्रसंगों पर अनुभूत भी होता रहा, और यही सुखी दाम्पत्य जीवन का मूलमन्त्र है। कांचन के समान सुविज्ञ सहधर्मिणी यदि नहीं मिली होती तो वर्तमान में मेरी गृहस्थी जैसी सुव्यवस्थित दिखायी देती है, कदाचित् वैसी नहीं होती। कांचन मेरो अर्धांगिनी है, इस बात का मुझे गौरवाभिमान है।'

धैरहं पृथिवीत्वम। रेतोऽहं रेतोभृत्त्वम।
मनोऽहमस्मि वाक्त्वम। सामाहमस्मि ऋकृत्वम।

(सुभाषित विवाह सन्दर्भ)

पति–पत्नी को एक–दूसरे के पूरक होना ही वैवाहिक जीवन की सार्थकता है। विवाह संस्कार के सन्दर्भ में सुभाषित में कहा गया है कि 'मैं आकाश हूँ और तुम पृथ्वी, मैं ऊर्जा का स्रोत और तुम ऊर्जा ग्राह्य करने वाली, मैं हूँ मस्तिष्क, तुम हो विचार। मैं हूँ संगीत, तुम हो सुर, मैं और तुम, हम दोनों एक–दूसरे का अनुसरण करते हैं।' नितिन गडकरी एवं उनकी अर्धांगिनी सौभाग्यवती कांचन जी ने वेदों के इस घोष को अपने वैवाहिक जीवन में अक्षरशः चरितार्थ किया।

अनुगामी

कहते हैं जन्मजात संस्कार ऐसी 'अमर बेल' है जिसकी सुगन्ध पीढ़ियों तक विद्यमान रहती है। संस्कारों का यह मूल मानवीय सभ्यता में वहाँ नज़र आता है, जहाँ से संस्कृति का उदय हुआ है। यह संस्कार तभी आगामी पीढ़ी तक स्थानान्तरित होते हैं जब पिछली पीढ़ी उसे व्यावहारिक स्वरूप में भावी पीढ़ी तक प्रेषित करे। संस्कार यूँ ही नहीं बनते। इसमें सबसे महत्त्वपूर्ण है विचार, व्यवहार और परम्परा, कोई भी वैचारिकता जब मानवीय जीवन मूल्यों की कसौटी पर खरी उतरती है और व्यवहारिकता के रूप में अंगीकृत हो जाती है तब वह संस्कार बन जाती है। पिछली पीढ़ी से जो संस्कार, श्रृति और आचरण के माध्यम से व्यक्ति को मिलते हैं, उन्हें वह न केवल स्मृतिकोष में संचित करता है, बल्कि उनका अंगीकार भी करता है। अंगीकार करने की यही प्रक्रिया जब दैनंदिन व्यवहार में परिवर्तित होती है, तभी संस्कारों के बीज एक पीढ़ी से दूसरी पीढ़ी में सही मायने में सम्प्रेषित होते हैं, यही से संस्कारों के बीजों का अंकुरण शुरू होता है। इस सम्प्रेषण की प्रक्रिया पर वारकरी सम्प्रदाय के सन्त तुकाराम कहते हैं 'बोले तैसा चाले, त्याची वंदावी पाऊले' अर्थात जो व्यक्ति दूसरों को दिये गये उपदेश के अनुरूप आचरण करता है, वह निःसन्देह वन्दनीय होता है। परिवार का मुखिया यदि बच्चों को दिये गये उपदेश के अनुरूप आचरण नहीं करे तो भावी पीढ़ी में संस्कारों के सम्प्रेषण की कल्पना ही नहीं की जा सकती।

आज यदि नितिन गडकरी की भावी पीढ़ी में सुसंस्कार सम्प्रेषित हुए हैं, तो उसका श्रेय निःसन्देह भानुताई की अनुशासनबद्ध कार्यप्रणाली, व्यावहारिकता, मानवीय समन्वय एवं सामंजस्य, कठोर परिश्रम, त्याग और समर्पण को जाता है। यह संस्कार भानुताई से न केवल नितिन गडकरी में सम्प्रेषित हुए बल्कि नवागत बहू सुशिक्षित कांचन जी में भी पल्लवित हुए। इस तरह यह संस्कार दो स्रोतों के माध्यम से आगामी पीढ़ी तक सम्प्रेषित हुए।

नितिन गडकरी के ज्येष्ठ पुत्र निखिल में इन संस्कारों की झलक देखने को मिलती है। निखिल का मानना है कि सरस्वती शिशु मन्दिर की शिक्षा ने हमें व्यापक रूप से सोचना, सामंजस्य करना और मन बड़ा करना सिखाया। इससे जीवन में विवादों की स्थिति टाली जा सकती है और अनुत्पादकता की स्थिति से बचा जा सकता है। मराठी माध्यम में शिक्षा प्राप्त करने की वजह से आधुनिक जगत की व्यावसायिकता में अंग्रेज़ी भाषा को लेकर शुरुआती कठिनाई अवश्य आई, लेकिन कालान्तर में सब कुछ सामान्य होता चला गया। निखिल के अनुसार, उनकी पत्नी को इन संस्कारों में ढालते समय थोड़ी परेशानी अवश्य हुई, लेकिन इन संस्कारों की मधुरता ने उसे भी इस धारा की ओर मोड़ दिया। इन संस्कारों को न केवल निखिल ने बल्कि छोटे भाई सारंग ने भी अपनाया। उच्च माध्यमिक शिक्षा पूर्ण होने के बाद नितिन गडकरी ने निखिल को अपने धापेवाड़ा स्थित खेत में डेयरी उद्योग शुरू करने की प्रेरणा दी। यह निखिल के लिए उद्यमिता की शुरुआत थी। डेयरी के प्रबन्धन ने निखिल को वित्त, विपणन और मानव संसाधन के नियोजन की प्रायोगिक और व्यावहारिक शिक्षा दी। निखिल ने जब बैचलर ऑफ बिजनेस एडमिनिस्ट्रेशन पाठ्यक्रम में प्रवेश लिया तब वित्त, विपणन और मानव संसाधन आदि विषय उसके लिए इसलिए सहज थे क्योंकि इन विषयों का प्रायोगिक अनुभव उन्हें डेयरी उद्योग शुरू करने के दौरान ही हो चुका था। डेयरी उद्योग के समय सबसे बड़ी दुविधापूर्ण चुनौती यह थी कि जो गाय दूध नहीं देती थी उसका व्यावसायिक

प्रबन्धन कैसे करें? ऐसे में गोमूत्र, गोबर आधारित प्रोडक्ट का निर्माण शुरू हुआ। इससे जो अर्थार्जन होता था, उससे अनुत्पादक गायों का संवर्धन किया जाता रहा। निखिल का मानना है कि गोमाता हमारी आस्था का विषय है, इसलिए उसे कसाई के हाथों नहीं सौंपा जा सकता। निखिल ने पंचगव्य आधारित अर्थ व्यवस्था से अनुत्पादक गोवंश को उत्पादक बनाना सीखा है तो इसमें उनके पिता नितिन गडकरी की ही भूमिका रही कि उन्होंने निखिल को बड़ी ही सरलता से व्यावहारिकता और कुशल प्रबन्धन के गुर सिखा दिये। युवावस्था में नितिन गडकरी को भी उनके पिता ने कृषि कार्यों में प्रयोग धर्मिता के लिए जो स्वतन्त्रता दी, ठीक वैसी ही स्वतन्त्रता उन्होंने अपनी आगामी पीढ़ी को दी। उनके मार्गदर्शन में शुरू किये गये डेयरी उद्योग ने निखिल को व्यावहारिक बनाया। निखिल ने भी इस बात को अनुभव किया कि उनके पिता से उन्हें जो ज्ञानानुभव मिला, वह किताबी ज्ञान से कहीं ज्यादा व्यावहारिकता पर आधारित है।

भावी पीढ़ी को व्यवसाय के मामलों में निर्णय लेने की स्वतन्त्रता देना चाहिए अथवा नहीं, इस सम्बन्ध में पिताओं के विविध विचार सामने आ जायेंगे, लेकिन नितिन गडकरी की पारखी नज़रों ने निखिल और सारंग की गुणवत्ता को पहले ही समझ लिया था। यही कारण है कि भले ही वे उन्हें समय–समय पर उचित मार्गदर्शन ज़रूर करते रहे, लेकिन अन्तिम निर्णय उन्होंने भावी पीढ़ी पर ही छोड़ दिया था। सार्वजनिक जीवन जीते हुए उनके समक्ष कई ऐसे अवसर भी आये जब उन्हें अपने किसी प्रियजन के पुत्र को रोज़गार दिलाने या किसी परिचित को पूर्ति उत्पादनों की डिस्ट्रीब्यूटरशिप देने के मामले में उदारता भी बरतनी पड़ी। निखिल और सारंग ने शुरुआत में इस सन्दर्भ में उनकी आज्ञा की अवहेलना तो नहीं कि, लेकिन उद्यम पर इसके दूरगामी विपरीत प्रभावों को देख एक नीति का निर्धारण किया। नितिन गडकरी ने भी इस नीति को सिद्धान्ततः मान्यता दी और उसके बाद उन्हें यह निर्णय लेने की भी छूट दे दी। इस व्यावसायिक नीति के मापदण्डों के आधार पर ही अब सारी

नियुक्तियाँ व डिस्ट्रीब्यूटरशिप का कार्य निखिल और सारंग ही देखते हैं और इस मामले में नितिन गडकरी कभी भी हस्तक्षेप नहीं करते। इस निर्णय से यह लाभ हुआ कि निखिल और सारंग को उद्यमहित में योग्य व्यक्ति के चयन की आज़ादी भी मिली और पेशेवर प्रबन्धन की दृष्टि से यह उचित भी रहा।

नितिन गडकरी ने जब पूर्ति उद्योग समूह की स्थापना की थी, उस दौरान समूह के प्रबन्धन में कई वरिष्ठ व्यक्ति भी जुड़े जो आज उच्च पदों पर कार्यरत होने के साथ ही उद्यम के सम्बन्ध में नीतिगत निर्णय भी लेते रहे हैं। लेकिन जबसे निखिल और सारंग ने समूह का कामकाज सम्भाला तो नितिन गडकरी ने उद्यम में उच्च पदों पर विराजमान पदाधिकारियों से सीधे संवाद साधने की अपेक्षा उन्हें अपने अनुभवों के माध्यम से आगे बढ़ने का मार्ग प्रशस्त किया। पूर्व में होता यह था कि यह उच्च अधिकारी सीधे उनसे संवाद साधकर निर्णय लेते थे, लेकिन अब उन्होंने संवाद स्थापित करने की यह दिशा निखिल और सारंग की ओर मोड़ दी। निखिल कहते हैं कि पिता जी के इस निर्णय के कारण व्यावसायिकता में मतभिन्नता उत्पन्न होने की जो सम्भावना थी, वह पूरी तरह समाप्त हो गयी। वे कहते हैं कि पूर्ति समूह में समय की माँग के अनुरूप भले ही पेशेवर प्रबन्धन आ गया है, लेकिन हम अपने सामाजिक उद्यमिता के लक्ष्य के प्रति आज भी उतने ही समर्पित हैं जैसा समूह की स्थापना के दौर में सुनिश्चित था। पेशेवर प्रबन्धन नीति के तहत हमारा प्रथम कर्तव्य पूर्ति समूह को अधिकाधिक लाभ दिलाना ही है लेकिन, इस लाभ की सामाजिक उद्यमिता के क्षेत्र में उपादेयता सम्बन्धी निर्णय आज भी पिता जी के दिशानिर्देशों के अनुसार ही होता है, यही कारण है कि सामाजिक सरोकार के हमारे विविध प्रकल्प सतत चलते रहते हैं। प्रयोगधर्मिता आज भी हमारा मूल धर्म है। आरोग्य विषयक वित्तीय सहायता के कार्य आज भी सतत चलते रहते हैं। युवाओं को कौशल्य विकास का प्रशिक्षण देने सम्बन्धी कार्यशालाएँ निरन्तर चलती रहती हैं।

नितिन गडकरी सारे देश की नज़रों में भले ही केन्द्रीय मन्त्री हों, लेकिन उनके परिवार के सदस्य आज भी स्वयं को देश के साधारण नागरिक ही मानते हैं। उनमें कभी–भी यह भावना नहीं पनपी कि वे हाई प्रोफाइल हैं। उनका परिवार आज भी अत्यन्त सादगी से जीवन जीता है। वे कहते हैं कि आज भी जब वे घर आते हैं तो हमारे लिए केन्द्रीय मन्त्री नहीं बल्कि परिवार के मुखिया की भूमिका में ही होते हैं। वे सभी से सहजता से पेश आते हैं। उनकी मिलनसारिता, प्रेम, उन्मुक्त व्यवहार सचमुच आप्लावित कर देता है। उनमें केन्द्रीय मन्त्री या राजनीतिक हस्ती के दर्शन ही नहीं होते। हम सभी यह मानते हैं कि वे आज जिस ओहदे पर हैं, उनके पीछे उनकी कार्यक्षमता, संघर्ष, समर्पण और सेवाभाव ही निहित है। यह मानवीय विशेषताएँ विरासत में नहीं मिलती, बल्कि इन्हें स्वयं अर्जित करना होता है। यही कारण है कि हमारे व्यवहार में कभी भी केन्द्रीय मन्त्री का परिवार होने का प्रभाव दिखाई नहीं देता। हम आज भी सरल हैं और कल भी उतने ही सरल रहेंगे। हाँ, उनके स्वास्थ्य की चिन्ता ज़रूर पूरे परिवार को होती है। वे कर्तव्यनिष्ठा के लिए अपने स्वास्थ्य को भी दाँव पर लगा बैठते हैं। उनकी कार्यशैली इतनी उत्कृष्ट और अनुकरणीय है कि उनका कोई सानी नहीं है। उनमें परखने की गजब की क्षमता होने से वे बहुत जल्द भाँप जाते हैं कि कौन सा व्यक्ति किस कार्य के योग्य है। एक बार यदि वे किसी को काम सौंपते हैं तो तब तक उसकी प्रगति के सम्बन्ध में निरन्तर जानकारी लेते रहते हैं जब तक कि वह कार्य पूर्ण नहीं हो जाता। निखिल बताते हैं कि तनाव से त्वरित बाहर आने की कला में वे कुछ इस कदर माहिर हैं कि कई बार यह समझना मुश्क़िल हो जाता है कि परिस्थितिजन्य तनाव के बावजूद आखिर वे सहज कैसे हो गये। कई बार ऐसी परिस्थितियाँ आई जिनके चलते आप्तजनों में चिन्ता का वातावरण व्याप्त हो जाता था। शुभचिन्तक और मित्रगण भी इन परिस्थितियों में असहज नज़र आते थे, लेकिन असहज नज़र नहीं आते थे तो वे थे नितिन गडकरी। जिन्होंने कभी भी तनाव या चिन्ता को अपने ऊपर हावी नहीं होने दिया।

नितिन गडकरी के विषय में निखिल उनके एक वैशिष्ट्य समग्र दृष्टि का उल्लेख करते हुए बताते हैं कि वे परिस्थितियों में तात्कालिक बदलाव लाने की अपेक्षा समूल बदलाव करने के पक्षधर रहते हैं। उनका मानना है कि किसी की तात्कालिक सहायता कर केवल कुछ समय के लिए उसकी परिस्थिति में सुधार लाया जा सकता है, लेकिन यदि व्यक्ति की क्षमता का आकलन कर उसका यथोचित मार्गदर्शन किया जाये तो उसके जीवन में आमूलचूल परिवर्तन लाया जा सकता है। वे केवल दशा बदलने में विश्वास नहीं रखते वरन् उनकी सदैव यही कोशिश होती है कि व्यक्ति को सकारात्मक एवं रचनात्मक दिशा में मोड़ा जाये जिससे वह आत्मनिर्भर हो सके। उसे कभी किसी के समक्ष याचक बनकर खड़े होने की परिस्थिति न आ सके, और यही कारण है कि उनके सम्पर्क में आने वाले व्यक्ति निश्चित रूप से नव ऊर्जा से संचारित होते हैं। हमें प्रबन्धन सिखाने के मामले में भी उन्होंने कभी विशिष्ट दशा यानी परिस्थिति से उबरने का पाठ हमें सिखाने का प्रयास नहीं किया बल्कि सदैव हमें नयी और उचित दिशा दिखाने का प्रयास किया ताकि हम आत्मनिर्भर होकर स्वयं अपने निर्णय लेकर अपनी दिशा निर्धारण कर सकें। नितिन गडकरी की विशेषताओं को निखिल ने पाँच हिस्सों में विभाजित किया है। निखिल कहते हैं निर्भिकता, प्रगाढ़ मैत्रीभाव, दूरदर्शिता और अन्तर्प्रज्ञा से त्वरित निर्णय लेने की क्षमता उनके प्रमुख गुण हैं। अन्त में निखिल कहते हैं कि उनके जैसे पिता होना हमारे लिए भाग्य की बात है, लेकिन उनका गुरु जैसे मार्गदर्शक होना हमारे लिए गौरवान्भूति है।

व्यापकता

साधारण व्यक्ति-असाधारण व्यक्तित्व

अष्टौ गुणाः पुरुषं दीपयन्ति प्रज्ञासुशीलत्वदमौ श्रुतं च।
पराक्रमश्च बहुभाषिता च दानं यथाशक्ति कृतज्ञता च।।

(महाभारत–सौप्तिकपर्व)

बुद्धिमत्ता, अनोखापन, संयम, ज्ञान, प्रतिस्पर्धा, बहुभाषिक, उदारता, कृतज्ञता यही अष्टगुण साधारण व्यक्ति को निखारकर असाधारण श्रेणी प्रदान करते हैं।

विचार

मेरे पास सिखाने के लिए केवल तीन चीजें हैं। सादगी, धैर्य और जुनून। यह तीनों ही व्यक्ति का सबसे बड़ा ख़जाना है।

–लाओत्से

साधारण व्यक्ति-असाधारण व्यक्तित्व

वैसे तो व्यक्ति जैविक प्राणी है। उसका जन्म होता है। समय के साथ शरीर, बुद्धि, मन, मानसिक–शारीरिक क्षमताओं का विकास तो स्वाभाविक जैविक प्रक्रिया है और इसी प्रक्रिया में शनैः–शनैः क्षरण होकर एक दिन जीवन समाप्त भी हो जाता है। कहते हैं व्यक्ति का जो पिण्ड है वही ब्रह्माण्ड है। जिस प्रकार की लौकिक–अलौकिक ऊर्जा ब्रह्माण्ड में समाहित है। ठीक वैसे ही प्रत्येक व्यक्ति के अन्तर में ऐसी ही ऊर्जा निहित है। केवल आवश्यकता इस बात की है कि व्यक्ति अपने अन्तर की उस अनन्त ऊर्जा को जो उसकी शारीरिक, मानसिक, बौद्धिक एवं आध्यात्मिक कार्यक्षमता को संचालित करती है, उसे पहचानें। सही दिशा और लक्ष्य के प्रति समर्पण ही साधारण व्यक्ति को असाधारण बनाने का आधार है, लेकिन कैसे पता चले कि सही दिशा और लक्ष्य क्या है? यह जानने के लिए तो किसी गुरु की आवश्यकता ही होती है। किन्तु बाल मन परिपक्व नहीं होता, तब यह बाल मन किसी गुरु की बात भी कैसे समझ सकता है। ऐसे में प्रकृति ने बाल मन के लिए माँ को ही गुरु समान ऊर्जा देकर उसे इस दिशा में प्रेरित करने की शक्ति प्रदान करने का कार्य किया है। इसके पश्चात तो प्राथमिक शिक्षण और आगे शैक्षणिक विकास के साथ जीवन के अनुभव–अनुभूतियाँ भी हमारी दिशा निर्धारित करने में बड़ी भूमिका अदा करते हैं। जीव विज्ञान कहता है कि किशोरावस्था में व्यक्ति अपने शारीरिक, मानसिक व बौद्धिक विकास की प्रक्रिया में होता है। यही वह काल है जिसमें सही दिशा मिल गयी तो जीवन सकारात्मकता व रचनात्मकता की ओर प्रवृत्त हो जाता है। किशोरावस्था में उचित मार्गदर्शन एवं प्रेरणा पाकर आदि शंकराचार्य, सन्त ज्ञानेश्वर, छत्रपति शिवाजी महाराज, स्वामी विवेकानन्द आदि अनेक महापुरुष गढ़े गये। उनकी पृष्ठभूमि तो अत्यन्त साधारण रही, लेकिन उन्होंने असाधारण कार्यों से संसार को प्रभावित किया।

नितिन गडकरी के विचारों की व्यापकता एवं परिपक्वता के मूल में किशोरावस्था से पूर्व का वह काल है जिसमें उन्हें विविध स्तर के विद्वानों के सानिध्य में विविध विषयों का गूढ़ार्थ सीखने का अवसर प्राप्त हुआ। उनके साथ हुई भिन्न–भिन्न स्तरों की चर्चा ने उन्हें भारतीय एवं वैश्विक इतिहास की पृष्ठभूमि से अवगत कराया। इतिहास में रुचि और उसका श्रवण, महान व्यक्तियों की जीवनशैली, उनके आदर्श, प्रशासनिक दक्षता एवं लक्ष्यपूर्ति के लिए संघर्ष, उनके पसन्दीदा विषय हो गये। इसी क्रम में जब एक संस्था ललित कला विहार के माध्यम से उन्हें छत्रपति शिवाजी पर तात्विक व्याख्यान देने वाले श्री बाबासाहेब पुरंदरे, रामकथाकार श्रीमती प्रभावति राजे, आध्यात्मिक विभूति श्री करपात्री जी महाराज, वरिष्ठ मराठी व्यंग्य लेखक एवं साहित्यकार श्री पु.ल. देशपाण्डे, वीर सावरकर के अनन्य अनुयायी, वेद–पुराणों के गहन अभ्यासक एवं प्रखर वक्ता साहित्यतीर्थ श्री बाळशास्त्री हरदास आदि को निरन्तर सुनते रहने के प्रभाव से उनमें राष्ट्रवाद, संगठन कौशल्य आदि अनेक गुण अंकुरित हुए। किशोरावस्था की ओर कदम बढ़ाते नितिन गडकरी को मिले इन अमूल्य उपहारों का उनके मनोमस्तिष्क पर इतना गहरा प्रभाव पड़ा कि उनके भीतर व्यक्तित्व और कृतित्व के उत्कृष्ट गुण प्रकट होने लगे। आज भी उनकी कार्यशैली में यह गुण प्रभावी ढंग से नज़र आते हैं। अगर हम उनके गुण वैशिष्ट्य को एक शब्द में परिभाषित करें तो उन्होंने उपरोक्त जिन महानुभावों से जीवन जीने और संघर्ष करने की जो कला सीखी, जिन गहन अनुभवों को आत्मसात किया, उनके प्रभाव ने उन्हें उपाय प्रदाता (सॉल्यूशन प्रोवाइडर) बना दिया।

नितिन गडकरी का जन्म 27 मई 1957 को नागपुर के महाल स्थित धर्मादाय चिकित्सालय मातृसेवा संघ में हुआ। नितिन गडकरी के दादा जी रामचन्द्र नारायण गडकरी उपाख्य तात्या जी गडकरी थे। वे नागपुर के समकालीन भोंसले राज परिवार में दीवान थे। नितिन गडकरी के पिता जयरामपन्त उपाख्य बापूसाहेब एवं माता

श्रीमती प्रमिलाताई उपाख्य भानुताई गडकरी है। गडकरी परिवार कण्वशाखीय ब्राह्मण हैं। देशस्थ ब्राह्मणों में कण्व अत्यन्त महत्त्व की शाखा है। यदि हम इतिहास देखें तो भारत के पूर्व राष्ट्रपति वराह वेंकट गिरि, पूर्व प्रधानमन्त्री श्री पी.वी. नरसिंह राव, और यदि हम इससे भी प्राचीन इतिहास की ओर देखें तो चन्द्रगुप्त को सम्राट पद पर आसीन करने वाले महान राजनीतिज्ञ कूटनीतिज्ञ अर्थशास्त्री आचार्य विष्णुगुप्त 'चाणक्य' भी कण्वशाखीय ब्राह्मण ही थे। प्रारम्भ से ही नितिन गडकरी जाति–पन्थ–वर्ग–वर्ण–धर्म–सम्प्रदाय आदि के पूर्वाग्रहों एवं बन्धनों से मुक्त ही रहे। उन्हें न तो कभी अपने ब्राह्मण होने का अहंकार रहा और न ही कोई पूर्वाग्रह। उन्होंने प्रारम्भ से ही स्वयं को इनसे सर्वोपरि ही रखा। नितिन गडकरी प्रारम्भ से ही श्रेष्ठ मानवीय गुणों एवं कला–कौशल के ही अनुगामी रहे। उनका मानना है कि उच्च कुल में जन्म लेने मात्र से ही व्यक्ति कुलीन नहीं हो जाता। मनुष्य जन्म से नहीं बल्कि श्रेष्ठ कर्म से महान बनता है। यही कारण है कि नितिन गडकरी के व्यक्तित्व का दायरा अत्यन्त विराट है। उनका मित्र परिवार, उनके सहयोगी, उनके चाहने वाले, उनकी गुणवत्ता, विद्वत्ता, उदारता और व्यवहारकुशलता की वजह से ही उन्हें अनन्य प्रेम करते हैं और सदैव करते रहेंगे।

जैसा कि पूर्व में उल्लेख किया गया है कि नितिन गडकरी के व्यक्तित्व पर उनकी माँ भानुताई का अत्यन्त गहरा प्रभाव है। इसी तरह उनकी धर्मपत्नी कांचन जी के विषय में केवल इतना ही कहा जा सकता है कि नितिन गडकरी के व्यक्तित्वरूपी इमारत की नींव यदि भानुताई हैं तो उस इमारत का कलश कांचन जी को ही कहा जाना चाहिए। अपने हृदय में परिवार के प्रति बेहद गहरी संवेदना होने के बावजूद वे अपने सार्वजनिक जीवन की प्राथमिकताओं और व्यस्तताओं की वजह से अपने परिवार को समय देने में असमर्थ रहते हैं। यहाँ यह भी उल्लेखनीय है कि सशक्त भारत निर्माण के लक्ष्य को आँखों में लिए नितिन गडकरी इस कदर समर्पण भाव से सतत कार्यरत रहते हैं कि वे स्वयं के लिए भी समय नहीं निकाल पाते,

ऐसे में परिवार की अनदेखी तो स्वाभाविक ही है। इन परिस्थितियों को कांचन जी ने भली–भाँति समझ ही लिया था। वे स्वयं अपने छात्र जीवन से ही सामाजिक कार्यों से जुड़ी रहीं हैं। यही कारण है कि उन्होंने पारिवारिक जिम्मेदारियों का निर्वहन करने में नितिन गडकरी की कमी को कभी भी महसूस नहीं होने दिया। गडकरी परिवार अपने मूल संस्कारों के चलते अपने पूरे कुटुम्ब, सगे–सम्बन्धियों ही नहीं बल्कि अपने सम्पर्क में रहे सभी परिवारों से हृदय से जुड़ा रहता है। इस वजह से कांचन जी की जिम्मेदारी बढ़ भी गयी।

नितिन गडकरी का राजनैतिक जीवन अत्यन्त संघर्षपूर्ण रहा है। अपने छात्र जीवन से ही वे अत्यन्त सक्रिय व सेवाभावी रहे हैं। यही कारण रहा कि वे कभी भी पारिवारिक व्यक्ति बनकर नहीं रहे, लेकिन पारिवारिक जिम्मेदारियों का बोध उन्हें सदैव रहा। धापेवाड़ा में जहाँ उनकी कृषि भूमि है, वह नागपुर से करीब 25 किलोमीटर की दूरी पर स्थित है। कृषि एवं कृषक नितिन गडकरी के पसन्दीदा विषय हैं क्योंकि वे सदैव इस बात में विश्वास रखते हैं और गाहेबगाहे दोहराते भी रहते हैं कि सशक्त भारत का निर्माण तब ही सम्भव है जब भारत में कृषि, उद्योग होगा और कृषक उद्यमी। वे कृषि को भारत की अर्थव्यवस्था की रीढ़ ही मानते हैं। इसलिए कृषि के प्रति उन्हें लगाव रहा और है भी। यही कारण है कि नागपुर से 25 किलोमीटर की दूरी पर धापेवाड़ा स्थित खेती की देख–भाल एवं रख–रखाव हेतु वे सतत अपनी दुपहिया लूना मोपेड़ से ज़ाया करते थे। इसी काल में जब उन्होंने खेती को काफी नज़दीक से देखा, फसलों को उगाने में लगने वाली लागत के मुकाबले बेहद कम प्रमाण में हुई आमदनी, कभी–कभी नितिन गडकरी को बेहद चौंकाने वाली और दुखद सदमा देनेवाली हुआ करती थी। किसान खेती के लिए पूरी तरह से प्रकृति पर निर्भर होता है और जब प्रकृति उसके लिए अनुकूल नहीं होती तो ऐसे में महाराष्ट्र में बलीराजा अर्थात बलवान दानी राजा, कहलाने वाला यह धरतीपुत्र किसान अपने आपको इतना बेबस पाता है कि आत्मग्लानि से आत्महत्या जैसा भयानक कदम उठाने से भी नहीं हिचकिचाता।

किसान की यह वेदना उन्होंने किशोरावस्था से ही देखी और महसूस की। शायद इसलिए पूर्ति उद्योग समूह यह पूँजापति उद्योग न होकर सामाजिक उद्यमिता है जो किसानों का होने के साथ–साथ किसानों के लिए कल्याणकारी उद्देश्यों को लेकर ही संचालित होता है।

नितिन गडकरी स्वयं के जीवन की विषम परिस्थितियों का चित्रण बड़े ही मजेदार ढंग से करते हैं। वे कहते हैं कि नाटक सामने की पंक्ति में बैठकर देखना चाहिए और सिनेमा अन्तिम कतार से, किन्तु जीवन ने इसके विपरीत परिस्थितियाँ पैदा कर दी। हमने नाटक पीछे बैठकर देखा और सिनेमा सामने बैठ कर देखा। जीवन की कोई भी अवस्था, परिस्थिति चाहे सम या विषम हो, कभी भी उनके जीवन की ना तो दृष्टि बदल सकी और न दृष्टिकोण। नितिन गडकरी ने अपने प्रारम्भिक राजनीतिक दौर में ही यह स्पष्ट कर दिया था कि राजनीति, समाजकार्य करने का एक प्रभावी साधन है। अभाविप के स्थापना वर्षों में जब उसका उद्देश्य चुनावी राजनीति से दूर रहकर विधायक कार्य के प्रति समर्पित होने का था, तब भी नितिन गडकरी ने इस अवधारणा को यह कहकर बदल दिया था कि उन्हें चुनाव लड़ना और विधायक बनना है। उस समय तो केवल उनकी किशोरावस्था ही थी।

वे सदैव तत्त्वों के मूल्य एवं व्यावहारिक मर्यादाओं के बीच के अन्तर को भली–भाँति समझते रहे। यही कारण है कि नागपुर की गलियों में पोस्टर चिपकाने वाला, खुद की हैंडराइटिंग ख़राब होने की वजह से दीवारों पर व्हाइट पेन्ट पोतने वाला यह साधारण सा व्यक्ति सम्पूर्ण विदर्भ की राजनीति को केवल इसलिए प्रभावित करने में सक्षम हुआ क्योंकि उसने जो भी कदम उठाये, उसका एक निश्चित मापदंड तय कर दिया था। जिस भी स्तर पर काम किया उस स्तर पर रहकर उपलब्ध संसाधनों का सदुपयोग उत्कृष्ट ढंग से करने के लिए सदैव प्रयत्नशील रहे। निजी स्वार्थों को सदा परे रखा। स्वयं के शब्दों का बेहद सम्मान किया। सक्रिय राजनीति में कभी वोट की राजनीति नहीं की। सामाजिक सेवा के प्रकल्प पूर्णतः निःस्वार्थ भावना से किये।

कभी भी किसी की मदद किसी अपेक्षा से नहीं की। करुणा भाव को हृदयस्थ रखने वाले नितिन गडकरी का सदैव यह वैशिष्ट्य रहा कि बदले में कुछ मिलने की आकांक्षा से कभी कोई कार्य नहीं किया। जब भी और जिस भी स्तर पर रहे सदैव निगाहें आसमान पर लगी रहीं और पैर जमीन पर। जमीनी स्तर पर आज भी वे उतने ही गहरे जुड़े हैं जैसा कि कई दशक पूर्व थे। आज भी उनके निजी मित्र वे ही हैं जो कई दशक पहले उनके साथ थे। यह आवश्यक नहीं कि उनसे जुड़ा व्यक्ति कभी अभाविप या भाजपा का कार्यकर्ता ही रहा हो। भावनात्मक रूप से जो भी उनसे जुड़ा बस जुड़ता ही चला गया। यह उनका मूल स्वभाव है कि यथासम्भव सबकी निरपेक्ष भाव से मदद करना और मानवीय रिश्तों का सदैव सम्मान करना। संघर्ष जैसे उनका मूल स्वभाव ही है और प्रगति मानो मूल मन्त्र है। अपने जीवन की प्रत्येक अवस्था में नितिन गडकरी ने कभी भी अप्रगति को बर्दाश्त नहीं किया। अप्रगति मानो उन्हें बेचैन कर देती है, और प्रगति में समग्र समृद्धि उनके जूझारू स्वभाव का एक साहजिक गुण है। वे बौद्धिक भाव से ज्यादा मानसिक भाव से प्रभावित रहते हैं। यही मानसिक भाव उनके हृदय को अच्छा लगता है, और उनकी दृढ़ता और वचनबद्धता का यही मूल कारण है। अपनी वर्तमान ऊँचाइयों और इससे जुड़ी प्राथमिकताओं के बावजूद बचपन के मित्रों से बेहद लगाव रखना, उनसे जुड़े रहना, अत्यन्त सहजता पूर्वक निजी दुख–सुख भी वैसे ही साझा करने के लिए निश्चित रूप से एक विशेष प्रकार का करुण मानसिक भाव लगता है और यही भाव व्यक्ति को धरातल से जोड़े रखता है।

नितिन गडकरी लगातार 1989 से लेकर 2014 तक महाराष्ट्र विधान परिषद के सदस्य रहे। इस दौरान लोक निर्माण विभाग के मन्त्री भी रहे। इसी कार्यकाल में उन्होंने मुम्बई–पुणे एक्सप्रेस हाईवे का निर्माण किया। जो भारत के सड़क परिवहन क्षेत्र में एक मिसाल है। इसी के साथ उन्होंने मुम्बई में बड़ी संख्या में फ्लाईओवर बनवाकर मुम्बई की ट्रैफिक समस्या हल करने की दिशा में अभूतपूर्व कार्य किया।

राजनीतिक सफलता के विविध आयामों से गुजरने के बावजूद उनके व्यक्तित्व और पारिवारिक जीवन में लेशमात्र भी अन्तर नहीं आया। आज भी वे, उनका परिवार और उनकी भावी पीढ़ी के निजी जीवन में कभी भी सत्ता का मद या दम्भ देखने को नहीं मिला। वे सभी अत्यन्त साधारण एवं सहज मनोभाव से जीवन जीते हैं। निजी एवं पारिवारिक जीवन में इस तरह का अनुशासन, सत्ता के प्रभावों–दुष्प्रभावों से निर्लिप्तता के लिए एक विशेष प्रकार की दृढ़ता एवं जीवन मूल्यों का अनुसरण आवश्यक होता है। वे संस्कारमूल्यों एवं जीवन में तय किये गये मानकों का कड़ाई से पालन करते हुए स्वयं को इसका अनुकरणीय उदाहरण बना लेते हैं। नतीजा यह होता है कि भावी पीढ़ी भी उसका सहजता से अनुसरण करने लगती है। उनका निजी जीवन निर्मल चरित्र और व्यसनों से रहित होने के कारण उनके शब्दों और व्यवहार में प्रामाणिकता, सहृदयता, सहजता के दर्शन होते हैं।

नितिन गडकरी का जमीनी व्यक्तित्व और उनका दीवारों पर पोस्टर चिपकाने से लगाकर केन्द्रीय मन्त्री के पद पर आसीन होने का सफर उन्हें साहसी और क्षमतावान बना देता है। उनकी कार्यशैली में विलक्षणता के दर्शन होते हैं। जो वे सोचते हैं, चिन्तन करते हैं और जिस तरह अपने विचारों का क्रियान्वयन करते हैं, उससे तो यही प्रतीत होता है कि उनमें अद्‌भुत सोच और उसके क्रियान्वयन की ऐसी क्षमता है जिसकी गहराई नापना सम्भव नहीं है। नितिन गडकरी में प्रयोगधर्मी व्यक्तित्व भी दिखायी देता है। ऐसा नहीं है कि वे केवल प्रयोगात्मक तौर पर किसी विचार, कल्पना अथवा प्रकल्प को साकार करने का प्रयास करते हैं बल्कि वे अपने विचारों के क्रियान्वयन का परिणाम भी जानते हैं। यही कारण है कि एक बार उनकी अद्‌भुत कल्पनाशक्ति से जो विचार उपजता है, उस पर कार्य करने के लिए वे दिन–रात एक कर देते हैं। यहाँ तक कि इसके क्रियान्वयन में वे प्रशासनिक अधिकारियों के तर्कों से भी कहीं आगे जाकर अपनी अद्‌भुत तर्कशक्ति के बल पर उत्कृष्ट सॉल्यूशन प्रस्तुत करते हैं। इस प्रकार अपनी परिकल्पना और

विचारशक्ति से कई बार अधिकारियों को भी चकित कर देते हैं। इस बाध्यता के चलते कई बार उनके व्यवहार में अत्यन्त कठोरता झलकती है, लेकिन सच्चाई तो यह है कि नितिन गडकरी का अपने प्रकल्प के प्रति गहन अभ्यास होता है और उनका जो कठोर रुख होता है, वह इसलिए भी होता है कि वे अपने निर्णयों की सौ प्रतिशत जिम्मेदारी लेते हैं। उनकी तय योजना में किन्तु–परन्तु नहीं चलता। उन्हें प्रशासनिक कामकाज के तौर–तरीकों को लेकर गहन अनुभव रहा है। वे जानते हैं कि प्रशासनिक अधिकारी यकायक किसी भी नवीन विचार या प्रकल्प को स्वीकार करने को तैयार नहीं होते। यही कारण है कि वे सबसे पहले ना–नुकुर कर टालमटौल भरा रवैया अपनाते हैं। इससे सरकार की विकासात्मक योजना कई बार धरी भी रह जाती है। विपक्ष में रहते हुए यह बात वे अच्छी तरह से जान गये थे। इसलिए उनका प्रशासनिक अधिकारियों के प्रति रवैया बेहद सख्त देखने को मिलता है।

आज भी नितिन गडकरी को नागपुर में किसी सड़क के किनारे स्ट्रीट फूड का आनन्द लेते हुए देखा जा सकता है। आज भी उनका ध्यान जब सड़क पर चलते अपने किसी पुराने साथी की ओर चला जाता है तो वे अपना काफिला रोककर उससे उसी पुराने अन्दाज़ में मिलने से कोई संकोच नहीं करते। आज भी वे अपने किसी मित्र के आग्रह पर उसके घर जाकर पारिवारिक वातावरण में घुल–मिल जाते हैं। आज भी वे प्रत्येक शनिवार एवं रविवार को नागपुर आते हैं एवं इन दो दिनों में वे न केवल अपने परिवार–मित्रों को समय देते हैं, बल्कि लगभग दो से तीन हज़ार लोगों से प्रति सप्ताह मिलते हैं और उनकी छोटी–बड़ी समस्याओं के निराकरण का प्रयास करते हैं। वे जितनी तन्मयता से हज़ारों–करोड़ों की परियोजना के सन्दर्भ में हो रही मीटिंग में सहभागी होते हैं, उतनी ही निष्ठा से वे सर्वसाधारण लोगों की छोटी–बड़ी समस्याओं को सुनकर निराकरण करने का प्रयास करते हैं। वे जानते हैं कि राष्ट्र के लिए बड़ी परियोजनाओं का जो मूल्य है। उतना ही उस सर्वसाधारण व्यक्ति के लिए उसकी समस्या का महत्त्व है।

और उनका यही स्वभाव उनके समान साधारण व्यक्ति को असाधारण क्षमताओं वाला व्यक्ति बनाता है।

इन्हीं सब गुणों को मनोविज्ञानी राबर्ट मैकक्री एवं पॉल कोस्टा अपने बिग फाइव फैक्टर सिद्धान्तों के माध्यम से परिभाषित करते हैं। वे व्यक्तित्व का वर्गीकरण करते समय पाँच गुणों का प्रमुखता से उल्लेख करते हैं। जिसमें प्रथम गुण के विषय में वे कहते हैं ओपननेस टू एक्सपीरियंस यानी नये अनुभवों की प्राप्ति के लिए स्वयं को सदैव तैयार रखना। इसी सन्दर्भ में ऋग्वेद कहते हैं– 'आ नो भद्रा कृतवो यन्तु विश्वतरू' (ऋग्वेद I–`89–i) अर्थात– हमारे लिए सभी ओर से कल्याणकारी विचार आये। नितिन गडकरी इसके लिए सदैव तत्पर दिखायी देते हैं। कौतूहल, नवीनता की लगन और रचनात्मकता के साथ प्रबल साहसिक वृत्ति आदि गुणों से ही वे नवीनतम उद्योगों की नींव रखने में समर्थ हो सके। सतत विकास के विषय में उनकी प्रयोगधर्मिता ने उनके स्वप्न को यथार्थ में परिवर्तित करने की दिशा दी। यह गुण उन्हें स्वयं को वास्तविकता के धरातल पर ले जाता है। जहाँ से उनकी उद्देश्यपूर्ति का मार्ग प्रशस्त होता है। अपने समूह के द्वितीय गुण कॉन्शेन्शियसनेस को इन दोनों मनोविज्ञानिकों ने अंतर्विवेकशीलता द्वारा कर्तव्यनिष्ठ बने रहने के रूप में परिभाषित किया है। नितिन गडकरी निर्विवाद रूप से सतत जिम्मेदारियों का निर्वहन करते रहना ही अपना प्रथम कर्तव्य मानते हैं। कार्य के प्रति प्रामाणिक रहते हुए वे इस सन्दर्भ में आने वाली समस्त जिम्मेदारियों का प्रामाणिकता से निर्वाह करते हैं। इस पंचगुणी समूह का तीसरा गुण एक्स्ट्रावर्जन यानी बहिर्मुखी होना। नितिन गडकरी के सन्दर्भ में एक अत्यन्त रोचक एवं दुर्लभ बात यह है कि इस विषय में उनमें बहिर्मुखी एवं अन्तर्मुखी दोनों गुण मिश्रित रूप से दिखायी देते हैं। इस वैशिष्ट्य को यदि हम मनोविज्ञानी 'रेमंड कैटल' के 16 व्यक्तित्व गुणों के समूह के प्रथम गुण के रूप में देखें, जिसका वर्णन करते हुए वे कहते हैं कि जहाँ बहिर्मुखता प्रधान व्यवहार है वहीं अन्तर्मुखी या कहें आत्ममग्नता भी उतनी ही तीव्रता से दिखायी पड़ती है।

रेमंड के अनुसार, ऐसा व्यक्ति उभयमुखी होता है। जिसका साक्षात्कार हमें नितिन गडकरी में स्पष्ट रूप से होता है।

नितिन गडकरी में 2 प्रकार के व्यक्तित्व विद्यमान हैं। निजी जीवन में वे बेहद अल्हड़, जीवन को पूरी मस्ती से जीने वाले, खान–पान के बेहद शौकीन, बहुत ज़्यादा अनुशासित ढंग से नहीं रहने वाले, अपनी मर्जी के मालिक ऐसे व्यक्ति हैं, लेकिन जब बात आती है विभिन्न प्रकार के प्रकल्पों एवं प्रयोगधर्मिता की तो उनमें अत्यन्त समयबद्ध, अनुशासित एवं पूरी तरह से संकल्पित व्यक्तित्व के दर्शन होते हैं। वे कॉमर्स की पढ़ाई के साथ कानून में स्नातक हैं। किन्तु किसी भी तकनीकी विषय को चाहे सिविल कंस्ट्रक्शन से जुड़ा हो, या केमिस्ट्री का विषय हो या फिर बायोफ्यूल के सन्दर्भ में हो या फिर आरोग्य से जुड़ा विषय हो, या यूँ कहें अन्य कोई भी तकनीकी विषय हो, उसकी तह तक पहुँचने का विशिष्ट कलाकौशल उनमें दिखाई है। यही कारण है कि इन विषयों के पारंगत विशेषज्ञ भी उनके साथ सहजता से संवाद करते हैं और उसी सहजता से वे विषयवस्तु को आत्मसात भी करते हैं। नितिन गडकरी की इसी सोच ने उन्हें बायोफ्यूल पर आधुनिक प्रयोग करने के लिए प्रेरित किया। वे बायोफ्यूल के विषय की उपादेयता संघ एवं भाजपा के शीर्षस्थ नेतृत्व को समझाने में सफल रहे। उन्हें इजराइल देश से बेहद लगाव है। विशेषकर वे इजराइल की अत्यन्त कम पानी में, अधिक उत्पादकता वाली प्रभावी कृषि की तकनीक को विदर्भ क्षेत्र में अमल करने के पक्षधर हैं। इस तरह की उभयमुखी प्रतिभा नितिन गडकरी में दिखायी पड़ती है।

मनोविज्ञानी राबर्ट मैकक्री एवं पॉल कोस्टा के फाइव फैक्टर सिद्धान्त के गुण–समूह का चौथा गुण है एग्रीएबलनेस। अर्थात अन्यों के विचारों एवं सुझावों के लिए हमेशा तैयार रहना। इस सन्दर्भ में देखें तो नितिन गडकरी का स्पष्ट कथन है– "यदि कोई विषय मुझे विस्तृत रूप से समझाकर बताया जाये तो मैं उसे सिद्धान्ततः स्वीकार करने के लिए हमेशा तैयार रहता हूँ। कुल मिलाकर तर्कों एवं गुणवत्ता के

आधार पर जो स्वीकारणीय लगा उसका सदैव स्वागत है। वे कहते हैं कि 'आइदर कन्विंस मी ऑर गेट कन्विंस्ड', यानी या तो मुझे समझा दो या मुझसे समझ लो।'' साधारणतः अन्यों के मतों से प्रभावित नहीं होने वाले नितिन गडकरी अति पूर्वाग्रही भी नहीं हैं। वे मध्यमार्गी भी उतनी ही सरलता से हो जाते हैं जितनी दृढ़ता से वे कई मामलों में अडिग रहते हैं। इसलिए भावपूर्ण सन्दर्भों में वे सर्वमान्य हो जाते हैं। और यही कारण है कि वे राजनीति में सभी धर्म, पन्थ, पक्षों के प्रिय हैं। नितिन गडकरी कहते हैं कि मैं जैसा हूँ वैसा हूँ ही, लेकिन दूसरों के विचार स्वीकार करने के लिए मैं सदैव तत्पर रहता हूँ। जो भी विषय देश और समाज हित के हैं वे विषय मुझे तुरन्त आकृष्ट करते हैं। और... मुझे इस बात के लिए प्रेरित करते हैं कि चाहे इन विषयों को पूर्ण करने में कैसी भी चुनौतियाँ, जटिलताएँ क्यों न हों, फिर वह मेरा लक्ष्य बन जाता है, और उनकी पूर्ति मेरा संकल्प। इसके पश्चात मैं किसी की नहीं सुनता। उसे पूरा करने का अथक प्रयास करता हूँ।

फाइव फैक्टर सिद्धान्त समूह का पाँचवाँ गुण मनोविज्ञानी राबर्ट मैकक्री एवं पॉल कोस्टा के अनुसार न्यूरोटीसिज्म है, अर्थात यह ऐसा भावातिरेक है जिसमें व्यक्ति या तो द्रवित होकर अति संवेदनशील हो जाता है या फिर क्रोधित होकर अपना लक्ष्य साध्य करने के लिए अत्यन्त कठोर हो जाता है। नितिन गडकरी ने अपनी इस अति–कठोर वृत्ति से बनावटी क्रोध के रूप ऐसा भावनात्मक शस्त्र विकसित किया जिसके फलस्वरूप वे कई बार अपने प्रकल्पों के क्रियान्वयन एवं कार्यान्वयन के प्रति बेहद आग्रही इसलिए हो जाते हैं ताकि समयानुशासन का पालन हो अथवा योजनानुसार कार्य करने से ना–नुकुर करने या टालने वाले अपने मातहतों को उस कार्य के लिए बाध्य किया जा सके। इस कारण नितिन गडकरी पर कई बार क्रोधित होने वाले शख्स के रूप में ठप्पा भी लगा दिया जाता रहा है। किन्तु इस सन्दर्भ में वे कहते हैं– 'कई बार ऐसा भी होता है कि मेरी बात को मेरे ही मातहत अधिकारी या कर्मचारी नहीं मानते या समझते तो मैं अत्यन्त कठोर शब्दों में भी पेश आता हूँ। प्रारम्भ में निश्चित रूप

से मेरी कठोरता ने कई प्रश्नवाचक चिन्ह खड़े किये, किन्तु सटीक परिणामों ने उन सभी सुलझे–अनसुलझे प्रश्नों के उत्तर अपने आप दे दिये। यही कारण है कि जो मेरी संकल्पित भावनाओं को समझने लगे, उनके प्रश्न शनैः शनैः समाप्त हो गये, किन्तु कई बार यह भी होता है कि मैं जब किन्हीं विषयों पर या उसके कार्यान्वयन–क्रियान्वयन पर अत्यधिक कठोर हो जाता हूँ, तब भी मेरे सहयोगी मेरी कठोरता का केवल इसलिए बुरा नहीं मानते क्योंकि वे मेरी संकल्पित भावनाओं को पूर्ण करने की अधीरता को भी समझते हैं। और... वे इस बात से भी भली–भाँति परिचित हैं कि किसी भी मामले में, कभी भी, मेरा निजी स्वार्थ लेशमात्र भी नहीं रहता और मेरे सभी निर्णय सर्वहितों को ध्यान में रखकर सर्वसमावेशक उन्नति को भी अभिप्रेत होते हैं।'

कई बार नितिन गडकरी का भावातिरेक उनके लिए कई चुनौतियाँ एवं समस्याएँ भी खड़ी करता है। ऐसे में सन्त कबीर की यह पंक्तियाँ चरितार्थ होती हैं, जिसमें उन्होंने कहा है कि 'जो घर बारै आपनो, चलो हमारे साथ।' इन पंक्तियों का अर्थ साधारण रूप से यही लगाया जाता है कि जो लोग अपना घर फूँकने या जलाने को तैयार हैं वे लोग ही हमारे साथ चलें। क्योंकि हम तो ऐसे जोगी हैं जो यह मानते हैं कि इस दुनिया में हम कुछ लेकर नहीं आये हैं और न ही यहाँ से कुछ लेकर जाना है। सब कुछ यहीं पर छोड़ जाना है। फिर मोह किस बात का। सन्त कबीर ने यह रचना तो रच दी, लेकिन इस मोहमाया की दुनिया में बहुत कम लोग ऐसे थे जो इन पंक्तियों के कहे अनुसार चलने का साहस कर सके। नितिन गडकरी के विशाल व्यक्तित्व और कृतित्व को जब हम इसी आइने के भीतर देखते हैं तो पता चलता है कि उन्होंने अपना जो सामाजिक दायित्व निभाया है, वह कुछ–कुछ इन्हीं पंक्तियों को चरितार्थ करता है। उनकी सामाजिक उद्यमिता पर सूक्ष्म नज़र डालें तो पता चलेगा कि उनके द्वारा कतार के अन्तिम छोर पर खड़े व्यक्ति को लाभान्वित करने के उद्देश्य से जो उद्योग शुरू किये गये हैं, उनसे नितिन गडकरी को लाभ होना तो दूर, उनके खाते में हानि ही आयी है। इसके बावजूद वे अपने

उद्यम को ऐन–केन–प्रकारेण कार्यान्वित रखने के लिए संकल्पबद्ध हैं। उनकी संकल्पबद्धता यही साबित करती है कि चाहे जो भी हो वे सर्वसाधारण व्यक्ति तक लाभ पहुँचाने के अपने इरादे से कदापि नहीं डगमगायेंगे। जिन विषयों पर एकेडमिक रिसर्च होनी चाहिए थी, उन पर उतने ही कारगर ढंग से उन्होंने अपनी अविरत प्रयोगधर्मिता के चलते निजी संसाधनों को लेकर कार्य शुरू किया। नतीजा यह रहा कि उद्योग शुरू हुआ और लाभ भी अन्तिम छोर पर खड़े व्यक्ति तक पहुँचने लगा, लेकिन इस उद्योग को अविरत जारी रखने में नितिन गडकरी को जिस तरह स्वयं को दाँव पर लगाना पड़ता है, उस दबाव और तनाव को वे और उनके अत्यन्त करीबी सहयोगी सतत महसूस करते रहते हैं। उनका सामाजिक उद्योग समूह उनकी कुछ कर दिखाने की प्रयोगधर्मिता के चलते सदैव आर्थिक दबाव में रहता है। इसका कारण यह है कि उन्हें कुछ कर दिखाने की धुन सतत लगी रहती है। भारत में वाहन के ईंधनों का वैकल्पिक स्रोत वाकई एक बहुत बड़ी चुनौती रही है। भिन्न–भिन्न कारणों से सरकारें भी इन प्रयोगों को करने से हिचकिचाती रही हैं। फिर कारण चाहे जो हो पेट्रोल–डीजल उत्पादन करने वाले देशों का दबाव हो या फिर इस सन्दर्भ में प्रयोगों की सफलता में सन्देह हो, नितिन गडकरी ने इन सभी परिस्थितियों के पार जाकर अपनी प्रयोगधर्मिता जारी रखी। जिसके फलस्वरूप वर्तमान सरकार ने उनके प्रयोगों के परिणामों पर आधारित कई नीतिगत निर्णय लिए। इसका लाभ देश को विदेशी मुद्रा के साथ–साथ पर्यावरण संरक्षण हेतु भी मिला। किन्तु नितिन गडकरी कहते हैं– भावातिरेक की अवस्था में लिए गये निर्णयों से वे जीवन में बड़ी विकट स्थिति में भी पहुँचे। किसान आत्महत्याओं से द्रवित होकर ही उन्होंने शक्कर क़ारखाने को चलाने का निर्णय लिया और उसमें जीवन की बहुत बड़ी ऊर्जा निवेश की। इस ज़िद्द में बड़ी ढाँचागत व्यवस्था खड़ी की। जिसके लिए बैंकों से कर्ज़ लिया। वे बताते हैं कि इन प्रयासों में मैं कई प्रकार के तनावों से जूझा, किन्तु आज भी मुझे इस बात का सन्तोष है कि मेरे प्रयासों से कुछ ऐसे

कार्य हुए जिससे हमारे क्षेत्र के किसानों को लाभ पहुँचा और उनके जीवन में सकारात्मक परिवर्तन आया। यह बात अलग है कि यह सब कुछ करने के लिए मुझे जो त्याग करना पड़ा, वह ठीक उसी तरह है जैसे प्रसूता स्त्री प्रसव के बाद नवजात को खिलखिलाता देखकर अपनी सभी पीड़ाएँ भूल जाती है। यह कहा जा सकता है कि नितिन गडकरी की भावना जनमानस के प्रति कुछ ऐसी ही है मानो कोई शिवभक्त कह रहा हो कि 'मेरा मुझमें कुछ नहीं, तू ही तू शशिभाल।'

जीवन प्रबन्धन कौशल

उपायेन जयो यादृक् रिपोस्तादृक् न हेतिभिः।
उपायतोल्पकायोपि न शूरैः परिभूयते।।

(पंचतन्त्र 1A231)

कोई भी व्यक्ति अपने जीवन में विजय केवल योजनाबद्ध क्रियान्वयन से ही प्राप्त कर सकता है। जैसे युद्ध में शत्रु पर विजय केवल उच्च कोटी के हथियारों से युक्त होने मात्र से ही नहीं होती वरन् योजनाबद्ध रणनीति पर कार्य करने से ही होती है।

विचार

मैं यह भली–भाँति जानती हूँ कि सफलता का कोई एक निश्चित मार्ग नहीं होता, किन्तु पिछले कुछ वर्षों में मैंने यह अनुभव किया है कि सफल नेतृत्व की गुणवत्ता वैश्विक स्तर पर लगभग एक जैसी ही पायी जाती है। सफल नेतृत्व सतत इस बात के लिए प्रयासरत रहते हैं कि प्रत्येक व्यक्ति अपनी गुणवत्ता, आन्तरिक क्षमता, उत्साह और आन्तरिक प्रेरणा आदि समस्त गुणों से प्रवृत्त होते हुए एकजुट होकर ही कार्य करे।

–क्विन एलिजाबेथ (द्वितीय)

जीवन प्रबन्धन कौशल

व्यक्ति का जीवन भी तो अपने आप में एक युद्ध ही है। जहाँ हर पल, अवसर भी हैं तो चुनौतियाँ भी हैं। इसके प्रबन्धन के लिए हमें अपने आपको तैयार करना पड़ता है। जिसके जीवन का प्रबन्धन सन्तुलित है, वही व्यक्ति अपने जीवन में सकारात्मक एवं रचनात्मक जिम्मेदारियों का निर्वहन करने में सक्षम होता है। वैसे भी जीवन को अनुशासित एवं परिणामकारक बनाने की जो प्रक्रिया है, वह स्वयं से ही शुरू होती है। इसलिए सबसे बड़ा युद्ध वह है, जो हमें स्वयं से लड़ना होता है। हम भी सहज रूप से स्वयं का आकलन करते ही हैं। इस वजह से हम अपनी शक्तियों और कमजोरियों से ही बहुत बड़ी हद तक परिचित भी होते हैं। हम जानते हैं कि वे कौन से गुण–दोष हैं जो जीवन में हमें या तो सही मार्ग पर जाने नहीं देते और यदि सही मार्ग मिल भी जाये तो हमारी अपनी कमजोरियाँ हमें उचित अवसरों का लाभ नहीं लेने देती। यह तो अत्यन्त स्पष्ट है कि किसी भी व्यक्ति के कार्यों में उसका व्यक्तित्व झलकता है। और व्यक्तित्व की निर्मिती या यूँ कहें व्यक्तित्व को गढ़ना, यह एक दिन का कार्य नहीं है। ना ही यह कार्य एक्सीडेंटल है। हमें शनैः–शनैः अपने आपको विशिष्ट परिणाम देने वाले व्यक्तित्व के रूप में तैयार करना होता है। यह सुनिश्चित और शाश्वत सत्य है कि परिणामों के पीछे वह व्यक्ति निहित होता है जिसके नेतृत्व में कार्य किया गया है। व्यक्तित्व को गढ़ने में उसे मिले पारिवारिक संस्कार, छात्रावस्था में मिले गुरुजनों की सीख का योगदान तो होता ही है, व्यावहारिक जीवन में मिले अनुभवों के अलावा इसमें एक बहुत बड़ा योगदान मित्रों का भी होता है। उन मित्रों का जिनके साथ हम बड़े होते हैं और खड़े होते हैं। इन सभी कोणों से यदि देखा जाये तो यह स्पष्ट है कि समूचा खेल व्यक्ति और व्यक्तित्व निर्माण का ही है। जीवन में मानव की यात्रा भिन्न–भिन्न पड़ावों से गुजरती है। राष्ट्रसन्त परम श्रद्धेय स्वामी श्री गोविन्द देव गिरि जी महाराज कहते हैं

'मानव जीवन का जितना व्यापक और गहरा विचार भारतीय ऋषियों ने किया, उतना व्यापक और गहरा विचार अन्यत्र कहीं भी नहीं हुआ। मनुष्य अपने जीवन की हर आवश्यकता की पूर्ति करते–करते इहलोक–परलोक में किस प्रकार सफल रहे, इसकी सारी व्यवस्था हमारी सांस्कारिक विरासत एवं परम्पराओं ने हमें दी है। भौतिकता के साथ–साथ पारमार्थिक उन्नति कैसे हो, इसके लिए हमारी परम्परा ने हम सबके सामने चार पुरुषार्थ रखे हैं– धर्म, अर्थ, काम और मोक्ष। धर्म आधारित अर्थ यानी मनुष्य अपने जीवन में जिन संसाधनों को अर्जित करे उसके मूल में धर्म का सिद्धान्त होना आवश्यक है। जैसे मनुष्य छल–कपट के प्रपंच से संसाधन जुटाने की बजाय, अपने पुरुषार्थ से अर्थ का सम्पादन करे और जितना अर्थ वह सम्पादित करता है, उसकी सीमा में ही यदि उसकी कामनाएँ सन्तुष्ट होती हैं तो ऐसे मनुष्य को जीते जी मोक्ष यानी आन्तरिक सन्तुष्टि तथा दिव्य शान्ति अनुभूत होती है।'

मानव जीवन के प्रबन्धन शास्त्र का पहला सूत्र होता है 'लक्ष्य–सेटिंग दी गोल्स।' लक्ष्य का निर्धारण ही हमारे जीवन की दशा एवं दिशा दोनों तय करता है। नितिन गडकरी ने अपने जीवन का लक्ष्य अपने प्रारम्भिक सार्वजनिक जीवन के अनुभवों, अनुभूतियों एवं अपनी माँ भानुताई के जीवन–दर्शन से निर्धारित कर लिया था। उनके सभी प्रकल्प सोशियो–इकॉनॉमिक आधार लिए होते हैं। उनकी दृष्टि में उद्योग से वित्तीय लाभ अर्जित करना जितना महत्त्वपूर्ण है, उससे भी अधिक महत्त्वपूर्ण यह है कि वह उद्योग कितने व्यक्तियों को रोज़गार मुहैया कराता है। क्योंकि वर्तमान में हमारे देश की सबसे बड़ी समस्या बेरोज़गारी की है।

समस्त विश्व में वर्तमान में यदि मुख्य रूप से जो लेखन कार्य हो रहा है वह चार विषयों पर केन्द्रित है। प्रथम है– 'मैनेजमेंट यानी प्रबन्धन शास्त्र'। इस पर अनेकों ग्रन्थ लिखे जा रहे हैं। दूसरा विषय है– 'सेल्फ हेल्प यानी आत्मविकास का शास्त्र'। तीसरा विषय है– 'रिलेशनशिप यानी परस्पर मानवीय सम्बन्धों का शास्त्र'।

और चौथा विषय है– 'लीडरशिप यानी नेतृत्व गुणों के विकास का शास्त्र'। यहाँ एक बात की ओर संकेत करना आवश्यक है कि इन ग्रन्थों के रचनाकार मुख्यतः शिक्षाविद् होते हैं। वे श्रुतियों के साथ–साथ स्वयं को हुए अनुभवों के आधार पर इन ग्रन्थों की रचना करते हैं। उनका काम लेखन है और अपनी लेखकीय जिम्मेदारियों को तो वे बखूबी निभाते हैं, किन्तु इसका व्यावहारिक जीवन से या यूँ कहें व्यावहारिक प्रबन्धन से कितना सीधा सम्बन्ध होता है, यह कहना बड़ा मुश्किल लगता है। इसलिए उनके ग्रन्थ व्यावहारिक प्रबन्धन की कसौटी पर कितने खरे उतरेंगे, इस पर बड़ा प्रश्नचिन्ह निर्माण होता है।

यह हमारे लिए अत्यन्त सौभाग्य का विषय है कि देश में नितिन गडकरी जैसी कई हस्तियां प्रबन्धन कौशल के जीते–जागते विद्यापीठ हैं। हममें से कई व्यक्ति उनके 'अति साधारण' स्तर से उठकर 'असाधारण' ऊँचाइयों पर पहुँचने की यात्रा के साक्षी हैं। आज जो विशेषताएँ उन्हें साधारण व्यक्ति से असाधारण जन–नेता के रूप में स्थापित करती है, वह विशेषताएँ उनकी स्व–प्रबन्धन की शैली में ही निहित है। उन सभी का व्यक्तित्व हमें इस बात की प्रेरणा देता है कि व्यक्ति यदि अपने जीवन लक्ष्य का निर्धारण कर ले और उस लक्ष्य के प्रति पूर्णतः समर्पित हो तो कोई भी ऊँचाई फतह करना असम्भव नहीं है।

अब हम नितिन गडकरी में विद्यमान उन गुणों की मीमांसा करते हैं जो उन्हें साधारण से असाधारण श्रेणी में ले जाकर रखते हैं। प्रबन्धन का प्रथम सूत्र है कि यदि आप सफल हैं तो यह आपका टीमवर्क है और यदि असफल हैं तो निश्चित रूप से यह लीडरशिप फेल्युअर है। नेतृत्व का सही होना, सटीक होना, सकारात्मक होना, रचनात्मक होना, प्रकल्प का वास्तविक क्रियान्वयन होना तथा निर्धारित लक्ष्य के अनुसार, परिणामों की प्राप्ति का होना आदि बातें केवल उसी एक व्यक्ति की गुणवत्ता पर निर्भर करती है, जो टीम लीडर यानी जो गणाधिपति होता है। नितिन गडकरी ने इस सिद्धान्त का न केवल पालन किया बल्कि वे इस सिद्धान्त के अनुरूप जीवन भी जीते हैं।

जैसा कि प्रबन्धन शास्त्र का सबसे पहला सिद्धान्त है कि आप अपने लक्ष्य का निर्धारण करें जिससे आपकी लक्ष्यानुसार योजना एवं उसे प्राप्ति की रूपरेखा बनायी जा सके। यह भी देखना होगा कि लक्ष्य, आपका जीवन है या प्रकल्प का उद्देश्य। लक्ष्य, प्रकल्प का भी हो सकता है और जीवन का भी। क्योंकि जीवन भी तो एक प्रकल्प ही है, जिसका हमें संयोजन–नियोजन करना होता है। नितिन गडकरी के जीवन का लक्ष्य गडचिरोली की घटना ने सुनिश्चित कर दिया था। उसके बाद आपातकाल के दौर में देश के भीतर उत्पन्न विषम वातावरण में उन्होंने अपना लक्ष्य निश्चित किया। समाजकार्यों से वे प्रारम्भ से ही जुड़े रहे। सामाजिक विषमता, जातिवाद, वंशवाद, वर्णवाद, गरीबी, भुखमरी, बेरोज़गारी, भ्रष्टाचार उन्हें बेहद आहत करते थे। इसी मनःस्थिति में वे युवावस्था में ही देश की समस्याओं के प्रति सजग हो गये। छात्र नेता से सक्रिय राजनीति प्रवेश के सन्दर्भ में उनका यह दृढ़ विश्वास है कि 'पॉलिटिक्स इज–ए–इंस्ट्रूमेंट फॉर सोशल रिफॉर्म्स' यानी राजनीति समाज सुधार के लिए साधन मात्र है।

हम जब जीवन प्रबन्धन की बात करते हैं तो यह सुनिश्चित है कि जो जीवन स्वयं अनुशासित एवं व्यवस्थित होगा, वही साधारण से असाधारण की स्थिति में परिवर्तित होने के लिए सक्षम होगा। व्यक्ति का जीवन प्रबन्धन ही व्यक्तित्व का निर्माण करता है। जो व्यक्ति अपने जीवन में गुणात्मक वृद्धि करने में सक्षम है, उसका जीवन्त उदाहरण नितिन गडकरी के रूप में हमारे सामने है। वे अपने जीवन में प्रारम्भिक काल से ही एक औसत विद्यार्थी रहे। उनका निजी एवं पारिवारिक जीवन भी आर्थिक सम्पन्नता की दृष्टि से अत्यन्त साधारण ही रहा। बावजूद इसके उन्होंने अपने जीवन में जिस प्रकार दक्षता एवं कार्यक्षमता का गुणात्मक विकास किया, वह निश्चित ही देश की युवा पीढ़ी के लिए एक प्रेरणा कही जा सकती है।

अब प्रश्न यह है कि व्यक्ति अपनी दक्षता एवं कार्यक्षमता का विकास कैसे करे? इसके लिए हमें स्वयं को समझना होगा।

हमारा शरीर और मन व्यक्तित्व के प्रधान अंग हैं। इन दोनों में अत्यन्त गहरा सम्बन्ध होता है। यह दोनों ही क्रिया और प्रतिक्रिया करके एक–दूसरे पर प्रभाव डालते हैं। यदि इन दोनों का आदर्श संयोग हो तो यह नतीजा होगा कि स्वस्थ शरीर में स्वस्थ मन रहेगा, किन्तु अपूर्णता से भरे हुए इस संसार में ऐसी पूर्णता के दर्शन दुर्लभ ही हैं। अब यदि हम गम्भीरतापूर्वक विचार करें तो अपूर्णता अपने आप में एक सापेक्ष अवस्था है। यह सच है कि व्यक्ति स्वयं को अपूर्ण अवश्य अनुभूत करता है, किन्तु पूर्णता का भी कोई निश्चित एवं ठोस उपाय नहीं है। साधारणतः अपूर्णता भौतिक आवश्यकताओं की होती है। इस सन्दर्भ में यह लगभग स्पष्ट है कि व्यक्ति जैसे–जैसे इन सुख–सुविधाओं की प्राप्ति करता है, वैसे–वैसे उसकी भूख और बढ़ती जाती है। इसलिए यह आवश्यक है कि व्यक्ति अपनी आवश्यकता और इच्छा के भेद को स्पष्ट रूप से समझ ले। व्यक्ति अपनी आवश्यकता को इच्छा समझ बैठता है। इसका अर्थ यह कतई नहीं कि व्यक्ति भौतिक संसाधनों को जुटाए ही नहीं या उसका आनन्द ही न ले। इस कारण यह समझना अत्यन्त आवश्यक है कि प्रत्येक भौतिक सुख उसके अधीन है, वह सुखों के अधीन नहीं। जब हमें यह लगता है कि हमारी खुशी का कारण केवल भौतिक संसाधन है और इसके बिना प्रसन्नता सम्भव ही नहीं है तो ऐसे में हमारा इस भँवर में फँस जाना सुनिश्चित ही है। यह भी समझना आवश्यक है कि प्रसन्नता किसी शर्त की मोहताज नहीं होती। वह हमारे मन के अधीन होती है। यदि प्रसन्नता, भौतिक साधनों–संसाधनों की शर्तों से बँधी होती तो सम्भवतः झोपड़पट्टी में कोई भी नहीं हँसता, किन्तु वहाँ स्थिति इस सन्दर्भ में विपरीत है। जिन्हें मस्त रहना है वे हर हाल में मस्त रहते हैं। अब प्रश्न आता है कि यह स्थिति आती कैसे है? इसके मूल में हमारे जीवन का लक्ष्य निर्धारण निहित है, और यही नितिन गडकरी के जीवन में घटित हुआ। जब उन्होंने यह निश्चय कर लिया कि मुझमें सशक्त राष्ट्र के निर्माण की मनोकांक्षा है तो वे अपने लक्ष्य की ओर शनैः शनैः अग्रसर होने लगे।

यही कारण है कि विषम से विषम परिस्थितियों में भी नितिन गडकरी कभी निराश नहीं हुए। कभी हताश नहीं हुए। कभी भी धैर्य नहीं खोया और हिम्मत नहीं हारी। वे अपनी लक्ष्यपूर्ति के लिए सदैव प्रयासरत रहे।

यह हमारे लिए भी सम्भव है। इसके लिए हमें इस बात को समझना होगा कि मन और शरीर में, मन का ही अधिक महत्त्व है। मन यदि विकारी हो तो एक स्वस्थ व्यक्ति भी अस्वस्थ हो जाता है। और यदि, मन निर्विकार हो तो एक साधारण व्यक्ति भी न केवल असाधारण कार्यक्षमता से परिपूर्ण हो जाता है अपितु असाधारण रूप से उत्कृष्ट का कार्य करने में सक्षम हो जाता है। परमपूज्य सन्त मानस मर्मज्ञ श्री मोरारी बापू हनुमान चालीसा की व्याख्या करते हुए कहते हैं कि मन के दस लक्षण होते हैं। वह चंचलता, मन्थन, बलशाली, दृढ़, गतिवान, ईष्यालु, द्वेष रखने वाला, स्पर्धा करने वाला, शंकालु और संकल्प–विकल्प करने वाला होता है। यह भी स्पष्ट है कि मन को एक निश्चित दिशा में लगाया जा सकता है। क्योंकि यदि मन संकल्पित हो जाये तो वह अपने आप पूरी शक्ति और दृढ़ता से गतिशील होने में सक्षम है। और नितिन गडकरी में ऐसा संकल्प, ऐसी शक्ति, ऐसी दृढ़ता, ऐसी गतिशीलता और ऐसी विलक्षणता, साधारणतः सहज व स्पष्ट रूप से परिलक्षित होती है।

विश्व में सभी प्रकार की सफलता या सभी प्रकार के परिणामों का मूल सटीक विचार ही हैं। वैसे विचार का प्रादुर्भाव स्वयं में ही होता है, किन्तु कभी–कभी इस विचार का स्रोत अन्य व्यक्ति से भी प्राप्त होता है। जैसा कि लोग अक्सर कहते हैं कि अमेरिका अमीर है, इसलिए उसकी सड़कें बेहतर हैं, परन्तु नितिन गडकरी ऐसा कतई नहीं मानते। वे अमेरिका के पूर्व राष्ट्रपति जॉन एफ केनेडी के इस कथन में विश्वास रखते हैं कि 'अमेरिका की सड़कें बेहतर हैं, इसलिए अमेरिका अमीर है।' सड़कों को नितिन गडकरी अर्थव्यवस्था की रक्तवाहिनियाँ मानते हैं। यही कारण है कि उनका जो सशक्त भारत निर्माण का संकल्प है, उसमें सड़कों की भूमिका को वे सबसे अहम मानते हैं।

सड़कों के सन्दर्भ में उनका तात्पर्य व्यापारिक माल के परिवहन से है। वे इसके भी वैकल्पिक उपाय खोजते रहते हैं। जब वे जहाज़रानी मन्त्री बने तब से जलमार्ग की उपयोगिता और जलमार्ग से होने वाला परिवहन तथा नागरिकों की यात्रा के सन्दर्भ में उनका चिन्तन सक्रिय हो उठा। उन्हें अल्प खर्च पर जलमार्ग से होने वाले परिवहन का विकल्प भी स्पष्ट दिखाई देने लगा। इससे यह स्पष्ट होता है कि वे नयी सम्भावनाओं की खोज के लिए सदैव तत्पर रहते हैं। यह कहा जाता है कि सामाजिक या राजनैतिक जीवन हो अथवा व्यवसाय, इनमें व्यक्ति का कद, इस बात पर निर्भर करता है कि उसने अपने मस्तिष्क की उन्नति के लिए क्या किया। अब यह भी प्रश्न उठता है कि क्या ईश्वर की प्रदान की गयी मानसिक शक्तियों की क्षमता को बढ़ाना सम्भव है? मस्तिष्क से काम लेने के सही और गलत दोनों तरीके होते हैं। एक व्यक्ति की मानसिक शक्तियाँ चाहे कुछ भी हों, पर उनकी व्यावहारिक उपयोगिता अथवा उनकी कार्यक्षमताओं में भी बहुत हद तक वृद्धि की जा सकती है। बशर्ते कि उन्हें ठीक ढंग से संगठित किया जाये, और उसी अनुसार, उन्हीं तरीकों से उनसे काम लिया जाये।

अधिकांश व्यक्ति शायद ही अपनी मानसिक शक्तियों का 10 प्रतिशत से अधिक उपयोग कर पाते होंगे। सम्भवतः शेष 90 प्रतिशत शक्तियाँ तो सुप्त अवस्था में ही पड़ी होती हैं। सुपरिणाम इस बात पर निर्भर होता है कि मन–मस्तिष्क की शक्तियों का किस प्रकार संगठन और प्रयोग किया जाता है। यह भी सम्भव है कि हम विषयवस्तु को तो जान लें और आवश्यकता को भी समझ लें, किन्तु सभी विषयों का हमें तकनीकी ज्ञान हो, यह आवश्यक नहीं। ऐसे में हमारी सीखने की उत्सुकता वाली मानसिकता का होना, सबसे सहज और सरल उपाय होता है। इस मामले में नितिन गडकरी की प्रयोगधर्मिता का कोई सानी नहीं है। वे स्वयं तो सतत चिन्तन–मनन करते ही रहते हैं, साथ ही राष्ट्रहित के, सर्वसाधारण–सर्वहारा वर्ग से जुड़े विषयों पर वे उन विषयों के पारंगत व्यक्तियों से ज्ञान अर्जित

करने में जरा भी संकोच नहीं करते। इसलिए प्रत्येक नवीन विषय के प्रति वे सदैव अपडेटेड रहते हैं। बशर्ते विषय उनके जीवन–लक्ष्य सशक्त भारत निर्माण के अनुकूल हो। उनका यह मानना है कि हमारे पास जो भी साधन–सामग्री उपलब्ध हो, उसे अधिक से अधिक उपयोगी बना लेना ही सफलता है। साधारण सामग्री को अनमोल बना देना महान सफलता है। जब पौधों के पोषण एवं विकास में प्रयुक्त 'प्रोटीन' का मूल्य साधारण किसान के बूते के बाहर था, तब उन्होंने कम मूल्य का विकल्प खोजने के प्रयास शुरू कर दिये थे। इस दिशा में उन्होंने मनुष्यों के केशों से प्रोटीन निकालने की तकनीक का इस्तेमाल करते हुए सर्वसाधारण किसान के लिए फसलों के पोषण एवं विकास हेतु कम मूल्य का विकल्प 'पूर्तामीनो' अमीनो एसिड उपलब्ध करा दिया। दरअसल, आवश्यकता इस बात की है कि प्रत्येक व्यक्ति नितिन गडकरी की तरह आवश्यकताओं की पूर्ति करने हेतु योग्य विकल्प खोजने की मानसिकता रखता हो और नवीन खोज हेतु नवीन प्रयोगों को करने की चुनौतियों को स्वीकार करने का साहस भी रखता हो। यह स्पष्ट है कि मस्तिष्क की क्षमता, उसकी शक्तियों की अवस्था एवं उद्यमशीलता से ही ज्ञात होती है, बहुत से व्यक्ति यह सोचते हैं कि वंश परम्परा, मानसिक क्षमता में सहायक हो सकती है, किन्तु केवल ऐसा नहीं है। मानसिक क्षमता एवं कार्यकुशलता दोनों ही सतत् अध्ययन, सही दिशा में किये गये चिन्तन–मनन व प्रयासों से विकसित की जा सकती है। नितिन गडकरी इसके जीवन्त उदाहरण हैं।

हम जब मानसिक क्षमता की बात करते हैं तो हमें मन के भी तीन मुख्य तत्त्व दिखायी देते हैं। एक तो मस्तिष्क की प्राकृतिक या जन्मजात शक्तियाँ, दूसरा उस शक्ति से काम करने की लगन या भावजनित उत्साह और तीसरा मन को निश्चित दिशा या कार्य में सतत केन्द्रित रखने का निश्चय। इसी का नाम इच्छाशक्ति या संकल्प है। मनुष्य को प्रकृति या जन्म से मिली शक्तियों के कोष में भी बड़ा अन्तर होता है, बल्कि कहना तो यह चाहिये कि बिरले ही

ऐसे व्यक्ति मिलेंगे, जिनकी जन्मजात मानसिक शक्तियाँ हर प्रकार से समान हो। मन की प्राकृतिक शक्तियों में समझने की शक्ति, बुद्धिमत्ता, स्मरण शक्ति, मेधा और नये विचारों की आविष्कारक शक्ति तथा कल्पना शक्ति आदि सभी क्षमताएँ भिन्न–भिन्न व्यक्तियों में भिन्न–भिन्न अनुपात में रहती है। पूर्व में इस बात का उल्लेख है कि मानसिक और शारीरिक कार्यक्षमता यदि वंशानुगत प्राप्त होती है तो निश्चित रूप से उसका योगदान व्यक्तित्व विकास में होता है, किन्तु यदि हमें 100 किलोमीटर का सफर तय करना है और आपके पास ऐसा साधन है जिससे मात्र 10 किलोमीटर तक पहुँचा जा सकता है। फिर भी शेष 90 किलोमीटर की यात्रा करने के लिए सभी प्रकार की मानसिक एवं शारीरिक कार्यक्षमताओं की वृद्धि के उपाय करने होंगे। अब कोई व्यक्ति 5 किलोमीटर के बिन्दू से सफर शुरू करता है और कोई व्यक्ति 20 किलोमीटर के, किन्तु शेष दूरी तय करने के लिए प्रयास एवं उपाय, प्रत्येक को समान स्तर के ही करने होते हैं। इसलिए वंशानुगत रूप से कार्यक्षमताओं के प्राप्त नहीं होने को दोष देना सर्वथा अनुचित ही है। क्योंकि लक्ष्य प्राप्ति की यात्रा किसी भी बिन्दू से आरम्भ की जा सकती है, और इसकी प्राथमिक आवश्यकता केवल दृढ़ संकल्प है। दृढ़ संकल्प के माध्यम से सामान्य रूप से कितने ही लोग दुनिया में बड़ी सफलता प्राप्त कर लेते है। जहाँ दृढ़ संकल्प की कमी होती है यानी सब कुछ होने के बाद भी इच्छाशक्ति क्षीण होती है तो ऐसे कितने ही व्यक्ति, दृढ़ संकल्प के अभाव में इसका पूरा लाभ नहीं उठा पाते। नतीजा यह होता है कि वे जीवन और लक्ष्य की दौड़ में पीछे ही रह जाते हैं। हमारे सामने नितिन गडकरी दृढ़ संकल्पित दृष्टिकोण के जीवन्त उदाहरण हैं। वैसे तो वे अपने विद्यार्थी जीवन में सामान्य विद्यार्थी ही रहे, किन्तु आज लोकसभा, राज्यसभा, मन्त्री–परिषदों, राष्ट्रीय एवं अन्तरराष्ट्रीय स्तर के विभिन्न व्याख्यानों एवं मीडिया द्वारा लिए जाने वाले साक्षात्कारों में जब अपने विभिन्न मन्त्रालयों विभिन्न प्रकल्पों की जानकारी आँकड़ों के साथ धाराप्रवाह प्रस्तुत करते हैं

तो कई लोगों को आश्चर्य होता है। सच तो यह है कि इसके पीछे मुख्य प्रेरणा, उनके सशक्त भारत निर्माण का लक्ष्य एवं निर्धारित लक्ष्य प्राप्ति के प्रति दृढ़ संकल्प ही होती है। होता यह है कि हम जब भी मन–मस्तिष्क–चित्त–हृदय इन सभी स्तरों पर संकल्पित होते हैं तो हमारी आन्तरिक शक्तियाँ, चाहे वह शारीरिक–मानसिक–बौद्धिक–आध्यात्मिक किसी भी स्तर की हो, अपने आप ही कई गुना विकसित होकर प्रभावशाली परिणाम देने लगती है। श्रद्धेय श्रीश्री रविशंकर जी कहते हैं कि आप अपनी ओर से यदि अपना 100 प्रतिशत देंगे तो आपकी बाह्य एवं आन्तरिक समस्त शक्तियाँ जागृत होकर कई गुना परिणाम और प्रभाव देने लगती है। कभी–कभी तो परिणामों का स्तर उन ऊँचाइयों पर पहुँच जाता है, जिसे व्यक्ति चमत्कार की संज्ञा भी देने लगता है। साधारण व्यक्ति को मिले ऐसे असाधारण परिणाम और उसके प्रभाव, कई बार सभी को विस्मित–चकित कर देते हैं। इस सन्दर्भ में नितिन गडकरी आत्मविकास के जीवन्त प्रमाण हैं।

मानसिक कार्यक्षमता को हम किस रूप में परिभाषित कर सकते हैं या किस रूप में अनुभूत कर सकते हैं? सबसे पहला यह कि कार्य अत्यन्त शुद्धता एवं यथार्थ धरातल पर अत्यन्त सुचारू ढंग से किया जाये। दूसरा, कार्य करने की गति का निर्धारण कुछ इस तरह हो कि नियत कार्य निर्धारित समय पर सम्पूर्ण हो जाना चाहिए। तीसरा, मानसिक और शारीरिक परिश्रम का संयोजन इस तरह होना चाहिए कि कार्य समाप्ति के पश्चात सहयोगी थकावट महसूस नहीं करें, बल्कि कार्य की संकल्पपूर्ति का आनन्दानुभव लेते रहें। इसी तरह चौथा, यह कि कार्यशैली की ऐसी मौलिक उपादेयता होनी चाहिए जिससे प्रकल्प कार्य का नियोजन नवीनता लिए हुए, नयी युक्तियों से परिपूर्ण हो। यदि कार्य यन्त्रवत होता है तो कार्य करते रहने की योग्यता एवं क्षमता में कमी होने की सम्भावना बनी रहती है। नये विचारों, नयी युक्तियों एवं नये साधनों का स्वागत तब ही सम्भव हो पाता है जब नेतृत्व अपने साथियों के विचारों का स्वागत करने की मानसिकता वाला हो। नेतृत्व जब किसी समूह की भावनाओं को

संकल्प के प्रति समर्पित करने की क्षमता रखता हो तो ऐसी स्थिति में यह आन्दोलित भावनाएँ गर्म भाप का कार्य करती है। जिससे मन के इंजन को गतिवान होने में समय नहीं लगता। साथ ही भावावेश की यह भाप न केवल मानसिक शक्तियों का संचालन करती है, बल्कि शारीरिक शक्तियों को भी आन्दोलित कर सहयोगियों व साथियों के शरीर में भी अतुलित बल और उत्साह का संचार करती हैं। नितिन गडकरी ने अपने प्रभावी नेतृत्व और संकल्पशक्ति से यह सिद्ध करके दिखाया है कि असंभव को भी संभव किया जा सकता है। महाराष्ट्र के विदर्भ प्रान्त में एक समय ऐसा भी था कि जब यहाँ केवल कांग्रेस का ही आधिपत्य था, किन्तु उन्हें शनैः शनैः योजनाबद्ध प्रयासों से विदर्भ प्रान्त को पूरी तरह भाजपामय वातावरण में परिवर्तित कर दिखाया। उन्होंने यह भी सिद्ध किया कि यदि नेतृत्व अपने साथियों–सहयोगियों की क्षमता एवं ऊर्जा को सही दिशा में प्रवाहित–प्रेषित करने में सफल होता है तो उसका परिणाम सुखद होता है। समस्त विदर्भ प्रान्त में जहाँ भारतीय जनता पार्टी अपने अस्तित्व को तलाशती थी, वहाँ आज परिस्थिति ऐसी हो गयी है कि चहुँओर केवल भारतीय जनता पार्टी का परचम ही लहराता हुआ दिखाई देता है।

हमने जीवन प्रबन्धन के विषय में अनेक पहलुओं पर विचार–विमर्श किया और मुख्य रूप से मानसिक दक्षता एवं शारीरिक कार्यक्षमता के सन्दर्भ में विस्तारपूर्वक मन्थन किया। जैसा कि पूर्व में उल्लेख किया गया है कि मन और शरीर में मन ज्यादा प्रभावी एवं शक्तिशाली होता है। क्योंकि मन की सकारात्मकता शारीरिक क्षमताओं के पार जाकर भी कार्यसिद्धि में सहायक होती है, किन्तु कार्य के प्रति अत्यधिक उत्साह, लगन एवं समर्पण के चलते वे आज भी अपनी सारी थकान को एक तरफ रख देते हैं। नतीजा यह होता है कि उनका स्वास्थ्य कुछ हद तक प्रभावित होता ही है। एक ओर जहाँ नितिन गडकरी अपनी पार्टी एवं राष्ट्र के प्रति बढ़ती जिम्मेदारी को लेकर बेहद समर्पित रहते हैं वहीं दूसरी ओर यह भी उतना ही सत्य है कि वे असंख्य लोगों के हृदय से जुड़े हुए हैं। इस कारण प्रत्येक व्यक्ति

अपनी छोटी–बड़ी समस्या लेकर उनके पास सीधे पहुँचना चाहता है, और वे सबकी भावनाओं का आदर भी करते हैं। इसी कारण उनकी व्यस्तता सदैव चरम पर होती है। ऐसे में स्वास्थ्य की उपेक्षा होना स्वाभाविक है। यह अत्यन्त आवश्यक है कि दृढ़ संकल्पित मन के साथ स्वस्थ ऊर्जावान शरीर का होना, किसी भी प्रकल्प या जीवन प्रबन्धन की सबसे पहली शर्त है, और नितिन गडकरी से भारत देश की आशाएँ जुड़ी हुई हैं। उनका व्यक्तित्व समाज को बहुत कुछ देने में सक्षम है। ऐसे में उन्हें अपने उत्तम स्वास्थ्य हेतु योग्य विश्राम एवं देखभाल को भी प्राथमिकता देनी होगी।

'रहिमन मन हि लगायी कै, देखि लेहूँ किन कोय। नर को बस करिबो कहा, नारायण बस होय।' रहीम कहते हैं कि शत प्रतिशत मन लगाकर किये गये काम को देखें, उनमें कैसी सफलता मिलती है। अगर अच्छी नीयत और मेहनत से कोई भी काम किया जाये तो सफलता मिलती ही है। क्योंकि सही एवं उचित परिश्रम से इन्सान ही नहीं भगवान को भी जीता जा सकता है।

सामाजिक उद्यमिता

समानी व आकूतिः समाना हृदयानि वः ।
समानमस्तु वो मनो यथा वः सुसहासति ।।

(ऋग्वेद 10–191–4)

सुख, समृद्धि और उन्नति के इच्छुक मनुष्यों, तुम्हारा घोष वाक्य एक समान होना चाहिए। तुम्हारे ह्दय के अन्तर्भाव समान होने चाहिए। तुम्हारा चिन्तन और विचार समान हो, तुम्हारा लक्ष्य समान हो, तुम्हारे सभी कार्य, व्यवहार तथा चिन्तन समान होने चाहिए। ऐसा आचरण करने से सभी का कल्याण होगा।

विचार

आपको दुनिया में इस कारण याद नहीं किया जाता कि असंख्य शिलालेखों पर आपका नाम दर्ज़ है, बल्कि इस बात के लिए याद किया जाता है कि कितने व्यक्तियों के जीवन का उत्थान करते हुए आपने सकारात्मक परिवर्तन लाया।

–पेरिकल्स

सामाजिक उद्यमिता

उद्यमिता और उद्योग, वैश्विक स्तर पर प्राचीन काल से पूँजीवादी व्यवस्था के अन्तर्गत आर्थिक लाभ अर्जित करने का आधार रहा है। प्राच्य काल में मानवीय जीवन मूल्यों एवं सामाजिक सरोकार रखने वाली आवश्यकताओं पर आधारित उद्यमिता और उद्योग हुआ करते थे। धीरे–धीरे समय बदला, मानसिकता बदली और इस बदलाव के दौर ने जीवन मूल्यों को भी इस कदर प्रभावित किया कि सर्वजनहिताय को दृष्टि में रखकर किये जाने वाले कार्य अथवा प्रकल्प, केवल स्व–आधारित हो गये। कालान्तर में पूँजीवाद एवं बाजारवाद के प्रभाव में उद्योग केवल आर्थिक लाभ कमाने का जरिया रह गये। इस पूरी व्यवस्था से शनैः शनैः मानवता एवं मानवीय दृष्टिकोण लुप्त होने लगे। नतीजा यह हुआ कि उद्योग जगत के लिए मानव और मानवीय आवश्यकता, केवल एक वस्तुपरक स्वार्थ–साधन हो गया। केवल आर्थिक लाभ ही उद्यमिता और उद्योग का लक्ष्य बना और धन कमाने की ऐसी अन्धी दौड़ शुरू हुई कि धीरे–धीरे मानवीय संवेदना भी लुप्त होती गयी। उसका स्थान स्वार्थी और लाभजनित असहिष्णुता ने ले लिया। फलस्वरूप, अधिकतर उद्योगों में जनहिताय की भावना लुप्त होने लगी। आज यदि हम समस्त उद्योग जगत का विहंगावलोकन करें तो सर्वहिताय एवं राष्ट्रहित को केन्द्र में रखकर कार्य करने वाले उद्योग समूह उंगलियों पर गिने जाने योग्य ही पाये जाते हैं। इस बदलते परिवेश को नितिन गडकरी ने अपनी किशोरावस्था से न केवल महसूस किया, बल्कि उसका गहन कटु अनुभव भी लिया। उन्होंने एक छोटे किसान के बतौर कृषि क्षेत्र में व्याप्त गम्भीर समस्याओं को बेहद करीब से समझा। उन्होंने उस समय यह भी महसूस क़िया कि पर्याप्त साधन–सुविधाओं के अभाव में स्थानीय संसाधन भी किस तरह प्रभावहीन होकर नष्ट हो जाते हैं। उन्होंने इस बात को भी बड़ी गहराई से समझा कि इस क्षेत्र में जमीनी स्तर पर कार्य करने की दिशा में सरकारी व प्रशासनिक अमला भी किस

तरह निरूत्साही रहता है। उन्होंने इसे भी महसूस किया कि जब तक साधन–संसाधनों का मूल्यवर्धन जमीनी स्तर पर नहीं होगा, तब तक किसान की आर्थिक व सामाजिक उन्नति सम्भव नहीं है। इन्हीं परिस्थितियों ने उन्हें सामाजिक उद्यमिता पर चिन्तन–मनन करने के लिए प्रेरित किया। इसी मन्थन से वे ठोस निष्कर्ष निकालने में सफल भी हुए। यही कारण है कि उनकी संकल्पना के माध्यम से शुरू किये गये सभी उद्यम सामाजिक सरोकार के साथ ही सर्वजनहिताय के व्यापक दृष्टिकोण से ओत–प्रोत हैं। उनके उद्यमों की विशालता को देखते हुए भले ही यह अहसास होता है कि वे अन्य उद्योगपतियों की कतार में जा खड़े हुए हैं, लेकिन ऐसा कतई नहीं है। गौर से देखें तो उनके सामाजिक उद्यम, एक ऐसी सकारात्मक शक्ति है जिसके माध्यम से उन्होंने रचनात्मक परिवर्तन की संकल्पना के साथ सामाजिक ज़रूरतों की पूर्तता के लिए एक अग्रणी नवाचार को दिशा दी है। क्योंकि सामाजिक उद्यमिता, समग्र सामाजिक एवं आर्थिक ढाँचे के भीतर जमीनी स्तर पर काम करती है। इसके परिणामस्वरूप यह भी देखा गया है कि उनके सर्वहिताय दृष्टिकोण के मद्देनज़र शुरू किये गये सामाजिक उद्यम/प्रकल्पों ने सरकारी नीतियों को भी सकारात्मक होने की दिशा में प्रेरित किया है। सामाजिक उद्यमिता का मूल उद्देश्य अन्तिम छोर के व्यक्ति की आवश्यकताओं और हितों को ध्यान में रखकर सामाजिक समता को न्यायपूर्ण बढ़ावा देना ही है। नितिन गडकरी की सामाजिक उद्यमिता ने इसे साबित भी कर दिखाया है। फिर चाहे उनकी वेस्ट से वेल्थ की संकल्पना, पराली (राइस स्ट्रॉ), कपास पौधों के डंठल (कॉटन स्ट्रॉ) के माध्यम से निर्मित इथेनॉल से सार्वजनिक वाहनों का परिचालन हो या फिर वेस्ट समझे जाने वाले मानव केशों से पौधों के लिए पोषक अमीनो एसिड तैयार करने की अवधारणा हो, ग्रामीण स्तर पर लघु मसाला उद्योग शुरू कर ग्रामीण महिलाओं को घर बैठे रोज़गार देने का प्रयास हो अथवा खेतों के सूखे पौधों से जैविक खाद का निर्माण हो अथवा गटर एवं सीवरेज के पानी पर पुनर्प्रक्रिया कर बायो सीएनजी गैस

का निर्माण कर उसका ईंधन के रूप में इस्तेमाल हो। यह सभी प्रकल्प उन्होंने सामाजिक सरोकार से जुड़े अपने उद्योगों में न केवल स्थापित किये, बल्कि उनकी उपयोगिता भी सिद्ध कर दिखायी। इन्हीं अनुभवों का प्रयोग उन्होंने न केवल सामाजिक उद्यमिता में क्रान्ति लाने की दिशा में किया बल्कि शासकीय नीति निर्धारण में भी इन सुदीर्घ और व्यापक अनुभवों को शामिल किया। उन्होंने विश्व को बता दिया कि सामाजिक उद्यमशीलता की पूँजी और आर्थिक पूँजीवाद में यदि समन्वय और सन्तुलन कायम रहेगा तो ही देश में आर्थिक समृद्धि और खुशहाली लायी जा सकती है, और उनकी वेस्ट से वेल्थ अवधारणा किसानों को भी आय का एक नया जरिया दे सकती है। क्योंकि खेतों में पराली व कृषि कचरा जलाने के कारण फैलने वाले धुएँ से पर्यावरण को जो खतरा उपस्थित होता है, वह खतरा कम होकर, उस वेस्ट से किसानों को धन कमाने का एक साधन भी उपलब्ध होगा। वहीं पर्यावरण प्रदूषण को रोकने में भी मदद मिलेगी। किन्तु शर्त यह है कि जब यह जमीनी स्तर से लागू होगा, तब ही सशक्त भारत निर्माण का सपना साकार हो सकता है।

नितिन गडकरी की सामाजिक उद्यमशीलता की अवधारणा को हम गहराई से देखते हैं तो यह पाते हैं कि व्यक्ति की जिन्दगी की लम्बाई या चौड़ाई नापने की अपेक्षा उसकी कलात्मकता, व्यापकता, सृजनशीलता और संवेदनशीलता को गहराई से देखने की ज़रूरत है। यही मापदण्ड तय करते हैं कि व्यक्ति का दृष्टिकोण कितना व्यापक व समग्र होता है। जब व्यक्ति 'मैं और मेरा' के दायरे से निकलकर 'हम और हमारा' के ताने–बाने को बुनता है तो वह व्यक्ति केवल स्वयं धनवान होने की मानसिकता से निकलकर सर्वसमृद्धि और सर्व सम्पन्नता की भावना के धरातल पर पहुँच जाता है। क्योंकि समृद्धि सर्वसमावेशक है। साधनों और संसाधनों का सतत विकास कर उससे प्राप्त समृद्धि को लोकोपयोगी दृष्टि से बाँटना या साझा करना उनका हृदयस्थ स्थायी भाव है। हालाँकि उनके प्रारम्भिक जीवन की पृष्ठभूमि को देखा जाये तो निजी तौर पर उनके परिवार

ने सतत आर्थिक संकटों एवं अन्यान्य विषम परिस्थितियों से संघर्ष ही किया है। साधारणतः ऐसी पृष्ठभूमि का व्यक्ति अपनी क्षमताओं को लेकर स्वयं धन संसाधनों से युक्त होने की लालसा रखे तो इसमें नया कुछ नहीं है। कोई भी व्यक्ति जब अपने निजी जीवन के संघर्षों में समाज के प्रत्येक व्यक्ति के जीवन संघर्ष को न केवल देखता है, बल्कि उसकी वेदना को भी महसूस करता है तो इसके पीछे सामाजिक उद्यमशीलता की प्रेरणा होती है। कहते हैं चन्द्रमा में स्वयं का प्रकाश नहीं होता। उसे उसका प्रकाश सूर्य से प्राप्त होता है, किन्तु यह भी उतना ही सत्य है कि जब सूर्य, चन्द्रमा को प्रकाश देता है तो ताप साथ में आता है। चन्द्रमा इस ताप को अवशोषित कर बाह्यजगत को शीतल सुखद चाँदनी से आलोकित कर देता है। यही गुण–विशेष नितिन गडकरी की सामाजिक उद्यमशीलता दृष्टि को परिभाषित करता है। उनमें यह भाव स्वयंस्फूर्त है।

नितिन गडकरी को इस बात का कोई मलाल नहीं है कि वे छात्र राजनीति के बाद से देश की राजनीति में सक्रिय होने के चलते कई बार अपनी शैक्षणिक परीक्षाओं में उपस्थित नहीं रह पाए। वे स्पष्ट कहते हैं कि मेरा मूल पिण्ड राजनैतिक नहीं है। ना ही मैं कोई राजनीतिक व्यक्ति हूँ। मैं तो मूल रूप से एक सामान्य सामाजिक कार्यकर्ता हूँ। जो छोटे से छोटा कार्य करने में भी स्वयं को धन्य मानता है। मेरे जीवन में मैं राजनीति ही इसलिए करता हूँ क्योंकि मुझे प्रभावी समाजकार्य करने हैं जिससे सर्वसाधारण जनता के हितों का रक्षण हो सके। प्रकल्पों के लाभ अन्तिम छोर पर खड़े व्यक्ति को भी मिल सके। समाज में सभी को विकास के समान अवसर मिलें और मैं सभी के दुख–सुख में सहभागी बन सकूँ। मेरे लिए राजनीति समाजसेवा का केवल एक माध्यम है जिससे सामाजिक उत्थान और आर्थिक विकास के कार्य सम्भव होते हैं। जब मेरे माध्यम से समाज के आर्थिक रूप से पिछड़े अत्यन्त गरीब हज़ारों व्यक्तियों के हार्ट ऑपरेशन या अन्य कई प्रकार की आवश्यक सर्जरी निःशुल्क करवायी जाती है और वे ऑपरेशन के पश्चात स्वस्थ होकर सजल नेत्रों से

मुझे आशीर्वाद देते हैं तो मैं अपने समाज कार्यों को सार्थक एवं सफल मानता हूँ। उस क्षण मुझे जो आन्तरिक प्रसन्नता होती है, वह मुझे दिव्यता का अनुभव करवा देती है।... और यही मेरे कार्यों की सच्ची सफलता है।

मैंने राजनीति में कभी भी किसी पद की लालसा नहीं की और ना ही किसी निजी अपेक्षा में किसी को कभी भी अपना बायोडाटा दिया। खोखली प्रसिद्धि पाने के लिए कभी अपना कटआउट नहीं लगवाया क्योंकि मैं इसे फिजुलखर्ची मानता हूँ। कटआउट पर फोटो लगाने की बजाय दिलों में स्थान बने, इसके लिए मैं निरन्तर अपना कार्य करता रहता हूँ। मुझे इस बात का मलाल कभी नहीं रहा कि मेरे किसी सहयोगी ने अपने किसी कार्यक्रम की पत्रिका में मेरा नाम प्रिन्ट क्यों नहीं किया। मेरा तो सिद्धान्त ही यही है कि सहज, सरल एवं सुलभ जीवन जीते रहो। ऊँच–नीच, मान–सम्मान के पीछे भागना निरर्थक है। मैं यह मानता हूँ कि यदि मुझमें योग्यता है तो लोग मुझे स्वीकार करेंगे। यदि वे स्वीकार नहीं भी करें तो भी मुझे किसी प्रकार की कोई ग्लानि नहीं होगी। क्योंकि व्यक्ति की स्वीकार्यता उसकी गुणवत्ता के आधार पर ही हो तो वह स्थायी एवं सर्वप्रियता से युक्त होती है। कोई भी व्यक्ति अपने लिए सम्मान की डिमांड नहीं कर सकता। यह तो एक अत्यन्त सरल मानवीय प्रतिक्रिया है, जो आपके गुणों के आधार पर सहजता से ही प्राप्त हो जाती है।

व्यापक सामाजिक जिम्मेदारी के सन्दर्भ में भारतीय उद्योग जगत के अग्रदूत श्री जेआरडी टाटा का कथन है कि– 'किसी भी सफलता या उपलब्धि की सार्थकता अथवा उपयोगिता तभी मानी जायेगी जब उसकी उपादेयता राष्ट्र एवं राष्ट्र के नागरिकों के लिए सुलभ होगी।' सम्भवतः सामाजिक जिम्मेदारी की यही सोच, औद्योगिक घरानों को उद्योगों से मिले लाभांश से समाजकार्य करने के लिए प्रेरक हुई। जिसके फलस्वरूप कॉरपोरेट सोशल रिस्पांसबिलिटी (सीएसआर) की संकल्पना ने जन्म लिया। यदि हम नितिन गडकरी की संकल्पना से स्थापित उद्योग समूह का अवलोकन करें तो वे सभी केवल

कारपोरेट सोशल रिस्पांसिबिलिटी निभाने के उद्देश्य की पूर्ति के लिए ही स्थापित किये जाने का आभास होता है। पं. दीनदयाल उपाध्याय के 'अंत्योदय की अवधारणा' घोर निर्धनता का उन्मूलन और प्रत्येक भारतीय परिवार की मूलभूत आवश्यकताओं का प्रबन्धन ही तो है। इसमें समाज के अन्तिम छोर पर खड़े व्यक्ति को जीवन में उन्नति का अवसर देने का भाव ही निहित है। पूर्ति उद्योग समूह की स्थापना एवं संचालन इसी व्यापक विचार का हिस्सा है।

सही मायनों में नितिन गडकरी असाधारण सोच रखते हैं। उनके व्यक्तिगत जीवन की सार्थकता, सर्वसमावेशक समृद्धि में ही निहित है। यही उनके जीवन का मूल मन्त्र है। अपनी सामाजिक उद्यमशीलता के अन्तर्गत व्यापारिक पृष्ठभूमि में जीवन मूल्यों के विकास की अभिवृद्धि को कैसे शामिल किया जाये, इसके लिए वे सतत प्रयासरत रहते हैं क्योंकि वे मानते हैं कि यही प्रक्रिया व्यक्ति को समाज के प्रति जिम्मेदार बनाती है। उन्होंने इसी अवधारणा से प्रेरणा लेकर सर्वहिताय की भावना से ओत–प्रोत पूर्ति उद्योग के विभिन्न प्रकल्पों के माध्यम से अनेक लोगों को स्व–विकास व जीवनोत्थान के अवसर दिये।

वृहद समाज को समर्पित सामाजिक उद्यमिता

नितिन गडकरी एक और विशिष्ट प्रकार का एनजीओ भी संचालित करते हैं जिसका नाम 'वेधा' अर्थात 'इंस्टिट्यूट ऑफ विलेज इंटरप्राइज डेवलपमेंट फॉर हैंडिक्राफ्ट आर्टिजंस' है। इसमें वे बाँस के माध्यम से पर्यावरण प्रिय उद्योग एवं अर्थव्यवस्था का निर्माण कर ग्रामोन्नति से राष्ट्रविकास की अवधारणा को साकार करते हैं। गत 20 वर्षों से उन्होंने कई डिजाइनर्स, आर्किटेक्ट्स एवं तकनीकी शिल्पकारों को इस संस्था से जोड़ा है जो बाँस से भवन निर्माण, फर्निचर, हस्तकला, इंटिरियर डेकोरेशन के विकास एवं प्रशिक्षण का कार्य करते हैं। वे मानते हैं कि प्रकृति ने हमारे देश को बाँस के रूप में एक ऐसी वनस्पति प्रदान की है जो आदि–अनादिकाल

से हमारी सभ्यता का अभिन्न अंग है एवं समाज के अन्तिम छोर पर खड़े व्यक्ति से भी जुड़ी है। बाँस एक ऐसा संसाधन है जो कृषि एवं ग्रामीण व्यवस्था में महत्त्वपूर्ण योगदान देते हुए रोज़गार एवं स्व–रोज़गार की निर्मिती करता है। यह एक औषधीय वनस्पति भी है। जो कुपोषण और रक्ताल्पता को दूर करने में सहायक है। बाँस ऐसी अनोखी नैसर्गिक सम्पदा है जो अतिशीघ्र बढ़ती है और उपयोगिता की दृष्टि से बहुआयामी है। यह सम्पदा ग्रामीण क्षेत्र के सामाजिक, पर्यावरणीय, उद्योग व रोज़गार के अवसर प्रदान कर ग्रामीण आर्थिक व्यवस्था के विकास में कारगर भूमिका अदा करती है। इन्हीं सब विशिष्टताओं को समझकर नितिन गडकरी ने 'वेधा' संसाधनों को स्थापित किया जिसके माध्यम से हज़ारों ग्रामीणों के जीवन में सकारात्मक परिवर्तन परिलक्षित हुआ।

सामाजिक सरोकार से ओत–प्रोत औद्योगिक इकाइयों से अर्जित संसाधनों का उपयोग सामाजिक उपादेयता वाले विविध प्रकल्पों में नियमित रूप से किया जाता है। फिर चाहे जीवनदायी योजना के माध्यम से हज़ारों हृदय शल्य चिकित्सा हो, किसान आत्महत्या से प्रभावित परिवार के बच्चों की शिक्षा हो, भाऊराव देवरस ह्युमन रिसोर्सेस डेवलपमेंट एवं रिसर्च इंस्टिट्यूट के माध्यम से युवक–युवतियों के लिए स्व–रोज़गार मार्गदर्शन शिविर हो, सामाजिक सरोकार के चिन्तन के अन्तर्गत ग्रामीण क्षेत्रों में स्वास्थ्य सेवा के रूप में मोबाइल अस्पताल ऑन व्हील्स हो, ग्रामीण क्षेत्रों में एम्बुलेंस की सुविधा प्रदान करना हो, या फिर नागपुर के निकटस्थ औद्योगिक क्षेत्र में कामगारों के लिए अत्यन्त किफायती घरों का निर्माण हो, यही पूर्ति उद्योग समूह का उद्देश्य हैं। जिसके लिए नितिन गडकरी सतत प्रयत्नशील रहते हैं। उनके समाजोत्थान के कार्यों को देखकर गोस्वामी तुलसीदास जी रचित रामचरित मानस की यह चौपाई, 'परहित सरिस धर्म नहीं भाई, पर पीड़ा सम नहीं अधमाई', उनके कार्यों की सार्थकता को प्रतिबिम्बित करती प्रतीत होती है।

नितिन गडकरी की एक और महत्त्वाकांक्षी प्रयोगधर्मिता है 'ईएनईआर डीजल।' इसकी निर्मिती कृषि उत्पाद के माध्यम से होती है। इस ईएनईआर डीजल जो इथेनॉल और डीजल दोनों के सम्मिश्रण से तैयार होता है, उसकी उपादेयता पूर्ति उद्योग समूह के परिवहन में सिद्ध हो चुकी है। वे प्रयासरत हैं कि उन्हें ईएनईआर डीजल हेतु शासकीय मान्यता प्राप्त हो सके। जिससे इसका देशव्यापी इस्तेमाल सम्भव हो सकेगा। जोकि विदेशी मुद्रा बचत एवं पर्यावरण संरक्षण दोनों में ही कारगर सिद्ध होगा।

सोलर फैंस यानी सौर बिजली युक्त तारों की घेराबन्दी जो खेत–खलिहानों की वन्य पशुओं एवं चोरों से रखवाली करने का प्रभावी उपाय है। पूर्ति समूह ने अनुसंधान कर एक ऐसी सौर फैंसिंग का विकास किया है जो कि मार्केट से किफायती है। पूर्ति समूह ने इसका उपयोग कर इसकी उपादेयता भी सिद्ध कर दी है। राष्ट्रीयकृत बैंकों ने इसके लिए कर्ज़ देने को मान्यता भी प्रदान की है। वर्तमान तक सैकड़ों एकड़ खेतों व संस्थानों की सुरक्षा हेतु सोलर फैन्स उपयोग में लायी जा चुकी है। साथ ही सैकड़ों किसान भी इससे लाभान्वित हुए हैं।

'भू–सुरक्षा' आर्गेनिक बायो फर्टिलाइजर, पूर्ति समूह के शुगर से इथेनॉल तथा अल्कोहल बनाने की प्रक्रिया का एक बायोप्रोडक्ट है। जिसमें नाइट्रोजन, फॉस्फेट एवं पोटेशियम प्रचूर मात्रा में उपलब्ध रहता है। इसमें परिशोधित किये स्पेंट वॉश का भी इस्तेमाल कर 'भू–सुरक्षा' नामक आर्गेनिक बायोफर्टिलाइजर बनाया जाता है जिसके इस्तेमाल से उर्वरा शक्ति को बढ़ाने में मदद मिलती है। इस बायोफर्टिलाइजर को पूर्ति समूह नो प्रॉफिट–नो लॉस के तत्त्व पर किसानों को उपलब्ध करवाता है। यह रासायनिक खादों के मुकाबले कहीं ज्यादा बेहतर होने का अनुभव हज़ारों किसानों को मिला है। यही कारण है कि इसकी एडवांस बुकिंग होती है।

पूर्ति एग्रोटेक लिमिटेड : यह कृषि उत्पादों का मूल्य संवर्धन करने वाली कम्पनी है। नितिन गडकरी की शुरू से ही यह संकल्पना

रही है कि किसानों के उत्पादों का स्थल पर ही मूल्यवर्धन हो। यह कम्पनी उसी सिद्धान्त पर कार्य करती है। इस कम्पनी के माध्यम से हाईजेनिक कंडीशन में एगमार्क क्वालिटी की गुणवत्ता के मानकों के अन्तर्गत मसालों का उत्पादन और पैकेजिंग किया जाता है। यहीं पर अनाजों, फलों एवं सब्जियों का क्लीनिजिंग और पैकेजिंग कार्य होता है। यह पूर्ति की बहुत बड़ी आपूर्ति श्रृंखला है जिसके अन्तर्गत पूर्ति सुपर बाज़ार को उत्तम गुणवत्ता वाले उत्पादन उपलब्ध करवाने की सुविधा होती है। किसानों को उनके उत्पादों का सही मूल्य मिलने के साथ ही मूल्यवर्धन की इस प्रक्रिया में रोज़गार भी मिलता है।

पूर्ति सिंचन समृद्धि कल्याणकारी संस्था : यह पूर्ति समूह का अशासकीय संगठन है जो ग्रामीण क्षेत्रों में छोटे जलस्रोतों पर लघु बँधों का निर्माण करता है। इससे क्षेत्र का भू–जलस्तर बनाये रखने में जहाँ मदद मिलती है वहीं पशुओं के लिए पीने के पानी के साथ आस–पास के किसानों को सिंचाई सुविधा भी उपलब्ध होती है। यह प्रकल्प बेहद किफायती और सीधे लाभ प्रदान करने वाला है।

यश एग्रो एनर्जी लिमिटेड : यह धान के भूसे से संचालित पावर प्लांट है। इससे बिजली का निर्माण होता है। धान के भूसे के अलावा धान के सूखे पौधों का भी इसमें इस्तेमाल होता है। इससे अनेक लोगों को रोज़गार मिला है। चन्द्रपुर ज़िले के अति पिछड़े इलाके कोलारी गाँव में यह प्रकल्प लगाया गया है।

अविनाश फ्यूल्स प्रा.लि. विदर्भ के किसानों के सामाजिक व आर्थिक विषयांतर्गत बायोमास फ्यूल का निर्माण करता है जिसमें विशुद्ध रूप से एग्रीकल्चर वेस्ट जैसे धान का भूसा, बगास, सनफ्लावर, कॉटन एवं गेहूँ के स्टॉक्स और स्ट्रॉ से निर्मित बायोमास फ्यूल अपरम्परागत ऊर्जा स्रोत के निर्माण में अग्रणी ग्रीन फ्यूल पारम्परिक रूप से इस्तेमाल किये जाने वाले पेट्रोल–डीजल का एक सकारात्मक विकल्प है।

पूर्ति सोलर सिस्टम प्रा.लि. : इस कम्पनी के माध्यम से किफायती दरों पर सोलर किट जिसे 'सौर दीप' कहा जाता है,

किसानों के लिए उपलब्ध करायी जाती है। इसके अलावा सोलर ऊर्जा से चलने वाले पम्प ज़मीन के भीतर से पूरी क्षमता के साथ पानी उत्सर्जन करने की क्षमता रखते हैं। पूर्ति सोलर स्ट्रीट लाइट ने ग्रामीण अँचलों को रोशन करने में काफी योगदान दिया है। पूर्ति समूह द्वारा शासन एवं बैंक के माध्यम से सोलर सिस्टम लगाने के लिए सब्सिडी के साथ–साथ न्यूनतम ब्याज दर पर किसानों को ऋण भी उपलब्ध कराया जाता है। पूर्ति सोलर के उपकरणों ने ग्रामीणों के जीवन को रोशन करने के साथ ही फसलों की सिंचाई के क्षेत्र में भी सराहनीय योगदान दिया है।

महात्मा शुगर एण्ड पावर लि. वर्धा एवं वैनगंगा शुगर एण्ड पावर लि. भण्डारा : यह दोनों शुगर के क़ारखाने तक़रीबन बन्द हो गये थे और कबाड़ स्वरूप होकर बिकने की कगार पर थे। नितिन गडकरी ने पुनः अपने प्रबन्धन कौशल से समाप्त प्रायः इन दोनों क़ारखानों को पुनर्जीवित कर दोनों से शुगर उत्पादन एवं पावर जनरेशन आरम्भ कर सैकड़ों किसानों एवं हज़ारों ग्रामीण परिवारों को एक बड़े संकट से उबारा। यह दोनों क़ारखाने अब सुचारू रूप से चल रहे हैं।

एग्रोविजन : नितिन गडकरी अक़्सर कहते हैं कि अमेरिकन कॉर्न, सन्तरा, मोसम्बी, ताइवान पपीता यह अच्छी फसलें होने के बावजूद किसान पैसा नहीं कमा पाता। क्योंकि किसान अकेला है और उसे मार्केटिंग नहीं आती। इसलिए कृषि आधारित उद्योग एवं कृषि से ऊर्जा, इस सिद्धान्त पर उन्होंने कार्य करना आरम्भ किया। अपनी सामाजिक उद्यमिता के अन्तर्गत उन्होंने कृषि एवं कृषक कल्याण को केन्द्र में रखकर उद्योग स्थापित किये। उन्होंने इस मूलमन्त्र को अन्तिम छोर पर खड़े किसान तक पहुँचाने के लिए एग्रोविजन नामक बहुउद्देशीय प्रदर्शनी का नागपुर में आरम्भ किया। यह प्रदर्शनी देखने न केवल विदर्भ के बल्कि महाराष्ट्र और पड़ोसी राज्यों मध्य प्रदेश, छत्तीसगढ़ एवं तेलंगाना से भी लाखों की संख्या में किसान पहुँचते हैं। उनकी इस शुरुआत का ही परिणाम है कि अब विदर्भ में ज़िला

और तहसील स्तर पर भी इसी प्रकार की कृषि प्रदर्शनी आयोजित की जाने लगी है।

पूर्ति समूह के इन उद्योगों का अध्ययन यदि सूक्ष्मता से किया जाये तो इसमें उनकी सामाजिक सरोकार की भावना स्पष्ट रूप से प्रतिबिम्बित होती है। उनका उद्देश्य इन उद्यमों के माध्यम से किसानों को वेस्ट से वेल्थ का प्रायोगिक मार्गदर्शन करना है। ताकि कृषिपूरक आय के संसाधनों के रूप में वे इसे अपनाकर लाभ अर्जित कर सकें।

दूरदर्शिता

अनागतविधाता च प्रत्युत्पन्नमतिश्च यः।
द्वावेव सुखमेधेते दीर्घसूत्री विनश्यति।।

(हितोपदेश 4–6)

जो कल को देखता है, उसका आज सुनियोजित होता है और भविष्य सुनहरा हो जाता है। जिस व्यक्ति में सम्भावित परिस्थितियों का आकलन कर उसे समझने की दृष्टि होती है, वही समयोचित निर्णय लेने की क्षमता रखता है और वही समस्त सुखों को प्राप्त करता है। इसके विपरीत निर्णयों को टालने वाला व्यक्ति सदैव असन्तुष्ट रहता है।

विचार

जो केवल समस्या देखता है वह साधारण इन्सान है, जो उपाय खोजता है वह दूरद्रष्टा है और जो व्यक्ति इससे परे जाकर निराकरण के लिए प्रयास करता है वह उद्यमी है।

–नवीन जैन

दूरदर्शिता

किसी भी प्रकल्प की योजना बनाते समय व्यक्ति यह भली–भाँति जानता है कि कई ऐसे पहलू होते हैं जिनका प्रबन्धन सम्भव नहीं है। या यूँ कहें, कई ऐसे हालात पैदा होने की सम्भावना रहती है, जिनसे व्यक्ति को न कोई सरोकार होता है और न ही उस पर वश चलता है। वैसे तो मार्ग में आनेवाली अनेक असम्भावित परिस्थितियों के अलावा कई ऐसे भी पहलू होते हैं जिन्हें देखने के बाद योजना बनाते वक्त व्यक्ति को यह महसूस भी होता है कि इस क्षेत्र या पहलू में अनिश्चितता व जटिलताएँ हैं। ऐसे में नितिन गडकरी सैद्धान्तिक रूप से थ्योरी ऑफ आल्टरनेटिव्स (वैकल्पिक उपायों के सिद्धान्त) को सामने रखकर अपनाने का हुनर बखूबी इस्तेमाल करते हैं। यही वजह है कि उनके द्वारा निर्धारित की गयी परियोजनाएँ अपने गन्तव्य तक निश्चित रूप से पहुँच पाती हैं।

नितिन गडकरी वर्तमान को जितनी बारीकियों से समझते हैं, उतना ही सटीक वे दूर तक देख पाते हैं। इसका मुख्य कारण यह है कि वे समस्या या चुनौती इन दोनों पर विचार करते समय इसके किसी भी पक्ष या पहलू को अनदेखा नहीं करते। उनका यह स्पष्ट मानना है कि कभी–कभी छोटी–छोटी बातों की अनदेखी, बड़ी योजनाओं में बाधा बन जाती है। वैसे देखा जाये तो दूरदर्शिता केवल योजना बनाने तक ही सीमित नहीं है। सम्भावित चुनौतियों और समस्याओं का पूर्वानुमान या पूर्वाकलन मुख्य रूप से दूरदर्शिता का एक महत्त्वपूर्ण पहलू है। उनकी दूरदर्शिता में यह पहलू देखने को मिलता है। वे पूर्व तैयारी और पूर्ण तैयारी में विश्वास रखते हैं। किसी भी योजना को कार्यरूप में परिवर्तित करने से पहले उसे लेकर उत्पन्न होने वाली समस्याओं और चुनौतियों का कभी–कभी प्रायोगिक परीक्षण भी करा लेते हैं। कई बार उस विषय के विशेषज्ञों से विचार–विमर्श कर इन चुनौतियों का हल भी सुनिश्चित कर लेते हैं। यही कारण है कि इस दूरदर्शिता के चलते उनके द्वारा शुरू

किये गये प्रकल्पों में बहुत कम बाधाएँ या चुनौतियाँ उपस्थित होती हैं। दूसरी ओर, अपने प्रकल्प के लिए उनकी जो पूर्व तैयारी होती है, उस कारण भी वे अपनी योजनाएँ साकार करने में सफल हो जाते हैं।

कहने का अर्थ यही है कि जो लोग भविष्य दृष्टि रखते हुए कार्य करते हैं, वे वर्तमान के यथार्थ को सबसे पहले स्वीकार करते हैं। उसके बाद वे आगामी रूपरेखा तय करते हैं। नितिन गडकरी में मौजूद सॉल्यूशन प्रोवाइडर यानी उपाय प्रदाता का एक ऐसा सामर्थ्य है जिसकी थाह पाना कठिन है। दूरदृष्टि और स्थिर भाव उन्हें व्यक्ति विशेष की श्रेणी में ला खड़ा करता है। जो व्यक्ति इन बातों को साध्य कर लेता है, वही अपने सार्वजनिक जीवन में बहुत जल्द ही निष्कर्ष को प्राप्त कर लेता है। किसी भी प्रकल्प अथवा योजना का निष्कर्ष प्राप्त कर लेना उतना ही कठिन है जैसे हथेली पर सरसों जमाना, लेकिन नितिन गडकरी में मौजूद विशिष्ट गुण, दुष्कर से भी दुष्कर कार्य करने के लिए तैयार होने की प्रेरणा उन्हें सदा देता रहता है। इसी कारण कहा जाता है कि एक बार नितिन गडकरी ने 'हाँ' कर दी तो फिर वे ना–नुकुर नहीं करते।

समग्र दृष्टि-व्यापक दृष्टिकोण

अयं निजः परो वेति गणना लघुचेतसाम।
उदारचरितानान्तु वसुधैव कुटुम्बकम्।।

(पंचतन्त्र 5–37)

केवल संकुचित दृष्टि वाले मनुष्य पक्षपात की भावना से ग्रसित होते हैं, जबकि व्यापक दृष्टि रखने वाले महान व्यक्ति सम्पूर्ण जगत को ही अपना कुटुम्ब मानते हैं।

विचार

हम किसी भी कार्य को करते हुए यह महसूस करते हैं कि यह कार्य तो समुद्र में एक बूँद डालने के समान है, परन्तु यह भी उतना ही सच है कि यदि हम वह कार्य नहीं करते हैं तो समुद्र निश्चित तौर पर एक बूँद से वंचित हो जायेगा।

–मदर टेरेसा

समग्र दृष्टि-व्यापक दृष्टिकोण

वैदिक काल से भारत में किसी भी विषय में समग्रता की दृष्टि रखने की परम्परा रही है। हम यदि जीवनशैली या जीवन की आवश्यकताओं के सन्दर्भ में विचार करते हैं तो पायेंगे कि हमारे आदि ऋषि–मुनियों ने सभी पहलुओं का गहन विचार करने के पश्चात ही हमारे लिए समृद्ध एवं खुशहाल जीवन जीने का मार्ग प्रशस्त किया है।

व्यक्ति का तेज, शक्तिपुंज बनकर अपने त्याग, तप, तत्त्व, तर्क, वैचारिक तारूण्य एवं तितिक्षा को जब समाजोत्थान के कार्यों में समग्र रूप से झोंकता हैं, तभी उसका दृष्टिकोण व्यापक होकर सर्वसमावेशक उन्नति को प्रशस्त होता है। यही कारण है कि नितिन गडकरी ने कभी भी किसी सोच, विचार, चिन्तन, समस्या, चुनौती से उत्पन्न स्थिति–परिस्थिति का अध्ययन एवं आकलन, किसी एक कोण से नहीं किया। वरन् उनकी दृष्टि सदैव इन सन्दर्भों में मूल तक पहुँचने की रही है। जैसा कि पूर्व में उनकी प्रबन्धन शैली का वर्णन करते हुए हमने यह स्पष्ट देखा व समझा है कि वे समस्या के भीतर से ही समाधान और सफलता से नये अवसर ढूँढ निकालते हैं। नितिन गडकरी एक ओर जहाँ कल्पना सृष्टि का निर्माण करते हैं, वहीं दूसरी ओर वे यथार्थ पर दृष्टि बनाये रखते हैं। इससे यह स्पष्ट है कि उनकी दृष्टि यद्यपि आकाश में रहती है, किन्तु उनके पैर धरातल पर जमे रहते हैं। यह केवल उनकी समग्र दृष्टि एवं व्यापक दृष्टिकोण से ही सम्भव होता है।

'जहाँ उत्पाद वहीं प्रक्रिया प्रकल्प' इस सिद्धान्त में नितिन गडकरी गहरा यकीन रखते हैं। इसके पींछे ठोस कारण भी है। इस संबंध में घटित वाकया बहुत पुराना है। एक बार उन्होंने अपने खेत में टमाटर की फसल लगायी। वे टमाटर की लहलहाती फसल देख खुश हुए, बड़ी मात्रा में टमाटर का उत्पादन भी हुआ। वे बड़ी उम्मीदों के साथ अपने टमाटर लेकर मध्य भारत की सबसे बड़ी

कही जानेवाली नागपुर की कॉटन मार्केट सब्जी मण्डी में पहुँचे। यहाँ पहुँचने पर उनकी सारी उम्मीदें उस समय धराशायी हो गयीं जब उन्हें टमाटर के खरीद मूल्य का पता चला। क्योंकि यह मूल्य टमाटर के उत्पादन की लागत–खर्च के अनुपात में 'बहुत कम था। उनके लिए यह विषय बेहद दुखद होने के साथ चिन्ताजनक भी था। कहते हैं कुशल प्रबन्धक का कौशल इसी में निहित है कि वह केवल चिन्ता नहीं करता, बल्कि चिन्तन भी करता है। उनके इसी चिन्तन ने 'जहाँ कृषि उत्पादन वहीं पर प्रक्रिया प्रकल्प' इस व्यवस्था को जन्म दिया। यही वजह है कि उन्होंने अपने मसाला उद्योग को अपने गृहग्राम में स्थापित कर कृषि उत्पादों का मूल्यवर्धन करने के साथ ही ग्रामीणों को रोज़गार का अवसर भी दिलाया।

नितिन गडकरी प्रारम्भ से ही कहते रहे हैं कि यदि व्यक्ति में पारम्परिक दायरों के बाहर निकलकर सोचने की क्षमता है, तो उसे दूरदृष्टि सहज रूप से बड़ी संकल्पना प्रदान करेगी। इस अवस्था में व्यक्ति उपलब्ध वैज्ञानिक तकनीकों से युक्त साधन–संसाधनों के माध्यम से नव आविष्कार को जन्म दे सकेगा। इस प्रक्रिया में प्राथमिक आवश्यकता, समग्र दृष्टि एवं व्यापक दृष्टिकोण की रहती है। यह प्राथमिकता व्यक्ति को सामाजिक उद्यमिता भी रचनात्मक रूप से सिखाती है। नितिन गडकरी ने गत कई वर्षों से संलग्न एवं स्थापित सामाजिक उद्योगों को सफलतापूर्वक संचालित कर इसे सप्रमाण सिद्ध कर दिखाया है।

इन्दौर और देवास ऐसा क्षेत्र है जहाँ स्थापित उद्योगों द्वारा नियमित रूप से निर्यात होता है। गत कई वर्षों से यह अनुभव किया जा रहा था कि निर्यात को भेजे जाने वाले उत्पादनों के कन्टेनर रेलवे के माध्यम से यहाँ से जेएनपीटी (जवाहरलाल नेहरू पोर्ट ट्रस्ट) मुम्बई भेजे जाते रहे हैं। चूँकि पारम्परिक रूप से स्थापित रेलवे लाइन, माल परिवहन एवं यात्रियों के प्रवास के लिए उपयोग में लायी जाती है। इस रेल लाइन पर यात्री रेलगाड़ियों की भी आवाजाही अत्यन्त व्यस्त रहती है। इस वजह से निर्यात किये जाने वाले उत्पादनों के

कन्टेनर मार्ग में ही कई–कई दिनों तक रुके रहते हैं। निर्यात क्षेत्र में समयबद्ध डिलिवरी सबसे पहली शर्त होती है। जिससे न केवल उत्पादों का भुगतान सही समय पर आता है बल्कि अन्तरराष्ट्रीय स्तर पर देश की व्यावसायिक साख भी कायम रहती है। इस रेल मार्ग पर ट्राफिक की व्यस्तता के कारण विडम्बना यह है कि निर्यातक ने उत्पादन भी सही समय पर किया और उसे कन्टेनर में लोड करके जेएनपीटी मुम्बई के लिए रवाना भी कर दिया। किन्तु इस रेल लाइन पर परिचालन की अनिश्चितता से लोडेड कंटेनर जेएनपीटी मुम्बई में विलम्ब से पहुँचने का प्रमुख कारण बनती है। साधारणतः यह होता रहा कि जहाज़रानी मन्त्रालय, रेल मन्त्रालय को अपनी समस्या एवं आवश्यकता से अवगत कराता था। बाद में रेल मन्त्रालय में यह फाइल वर्षों तक लम्बित रहती और समस्या जस की तस बनी रहती। नितिन गडकरी ने इस पूरी समस्या को समझकर इसका निदान खोज निकाला और समाधान की ओर क़दम बढ़ाया। उन्होंने जहाज़रानी के माध्यम से द्वारा इंदौर–देवास से मनमाड़ होते हुए जेएनपीटी मुम्बई तक कन्टेनरों की आवाजाही के लिए, एक नयी स्वतन्त्र रेल लाइन बिछाने का निर्णय लिया, किन्तु रेल मन्त्रालय ने इस पर निवेश करने में अपनी असमर्थता जतायी। इस पर उन्होंने राज्य सरकार को इसमें हिस्सेदारी करने को कहा। राज्य सरकार ने भी जब निधि के अभावों की बात की तो उन्होंने राज्य सरकार से इस रेल लाइन के लिए राज्य के अविकसित क्षेत्र की सरकारी भूमि निःशुल्क उपलब्ध करवाने का उपाय सुझाया। इसके लिए राज्य सरकार ने सहमति प्रदान की।

नितिन गडकरी के प्रबन्धन कौशल का यह वैशिष्ट्य है कि वे मामलों की तह तक जाकर उसके समाधान का एक परिपूर्ण पैकेज खोजने का न केवल प्रयास करते हैं, बल्कि एक हद तक उसे साकार रूप देने में सफल भी होते हैं। वे अवसरों को प्रकल्पों में बदलते समय उपलब्ध आधुनिक वैज्ञानिक तकनीक, प्रकल्प के माध्यम से निर्मित अर्थव्यवस्था को मिलने वाली गति के साथ ही रोज़गार तथा क्षेत्र के रहवासियों के सामाजिक एवं आर्थिक उत्थान एवं पर्यावरण संरक्षण

को ध्यान में रखते हुए योजना को मूर्त रूप देते हैं। इसी को हम समग्र दृष्टि एवं व्यापक दृष्टिकोण की संज्ञा देते हैं।

इसका एक और उदाहरण देखिये। देश की प्रमुख नदियाँ बरसों से प्रदूषण का जहर ढो रही हैं। यह जहर न केवल मानवों, बल्कि पशु–पक्षियों के साथ ही जलवायु पर्यावरण के लिए भी खतरा है। यह समस्या इतनी विकराल हो गयी है कि इसका दुष्प्रभाव देश के कृषि उत्पादनों की प्रक्रिया पर भी हुआ है। चाहे फल–सब्जियाँ हो, खाद्यान्न हो, मवेशियों से उत्पन्न दूध हो, यहाँ तक कि पीने का पानी और हमारी आबोहवा में भी प्रदूषण का यह ज़हर गहराई तक घुलकर जीवित रहने के लिए आवश्यक प्राणवायु को भी दूषित कर रहा है। यह आगामी पीढ़ियों के अस्तित्व पर मंडराने वाला खतरा बन चुका है। इन नदियों को इस जहर से मुक्त कर देश की मानव सभ्यता को बचाने की सबसे बड़ी चुनौती है। इस भीषण चुनौती का सामना करने के लिए इससे पहले भी कई उपाय किये गये, योजनाएँ बनाई गयीं। देश की प्रमुख नदियों विशेषकर गंगा में आये कचरे एवं गन्दगी को विभिन्न मशीनों के माध्यम से निकालने के लिए अभियान चलाये गये। जिसके आशातीत परिणाम नहीं हुए और समस्या जस की तस बनी ही रही। यह ठीक वैसा ही था, जैसे किसी व्यक्ति को बुखार हो जाये और केवल टेबलेट देकर उसके शरीर का तापमान कम कर दिया जाये। इससे उस व्यक्ति को तात्कालिक तौर पर लाक्षणिक राहत मिलने की सम्भावना तो रहती है, किन्तु जब तक इस बात का निदान नहीं हो कि बुखार का वास्तविक कारण क्या है, तब तक उस व्यक्ति का शरीर पूर्णतः निरोगी नहीं बनाया जा सकता। यही हाल गंगा सहित अन्य प्रमुख नदियों का रहा है। नितिन गडकरी को किसी समस्या से निपटने के लिए उसकी तह तक जाने का जो मूलमन्त्र अपनी 'आई' यानी माँ से मिला था, उसका सटीक कार्यान्वयन नितिन गडकरी किसी भी चुनौती का सामना करने के लिए किया करते हैं। केन्द्रीय जहाज़रानी मन्त्री रहने के दौरान जब उन्हें निर्मल गंगा प्रोजेक्ट के तहत इसकी ज़िम्मेदारी मिली तो उन्होंने यहाँ भी बीमारी

को जड़ से मिटाने का मूलमन्त्र ही अपनाया। अपने इसी सिद्धान्त पर आधारित संकल्पना को उन्होंने साकार करने की योजना बनाई और उसके सटीक क्रियान्वयन का प्रयास किया। उन्होंने नदियों को प्रदूषित करने वाले गन्दगी के स्रोत पर ध्यान केन्द्रित कर न केवल समस्या का समाधान खोजा, बल्कि उसका क्रियान्वयन करने की भी योजना बनायी। इससे न केवल समस्या का हल निकला बल्कि गन्दगी के परिशोधन से अर्थार्जन का मार्ग भी प्रशस्त हुआ। उन्होंने इस तथ्य को समझा कि गंगा में उनके उप–नदियाँ और रासायनिक वेस्ट से युक्त गन्दे नाले आकर मिलते हैं। उन्होंने हज़ारों करोड़ की योजना अपने मन्त्रालय के गंगा शुद्धिकरण अभियान के अन्तर्गत बनायी और इसके लिए छोटी–बड़ी कई परियोजनाओं के माध्यम से बायोडाइजेस्टर संयन्त्र स्थापित करने का संकल्प लिया। इस संकल्प के पीछे यह धारणा है कि इन बायोडाइजेस्टर्स से वेस्ट जल न केवल परिशोधित होगा अपितु यह जल गंगा किनारे पर स्थापित बिजली उत्पादन संयन्त्रों के लिए भी उपयोगी सिद्ध होगा। इसी सन्दर्भ में नितिन गडकरी ने ऊर्जा मन्त्रालय के साथ एमओयू किया ताकि इस परिशोधित पानी को बिजली उत्पादन के लिए उपयोग में लिया जाये। इसी तरह गंगा के किनारे स्थित जो रेलवे स्टेशन हैं, वहाँ पर रेलवे वैगनों व स्टेशन परिसर की धुलाई के लिए बड़ी मात्रा में नियमित रूप से पानी की आवश्यकता होती है। यानी इस परिशोधित पानी का इस्तेमाल ऊर्जा मन्त्रालय के साथ रेल मन्त्रालय भी अपने उपयोग के लिए नियमित रूप से कर सके। इसका भुगतान यह मन्त्रालय गंगा संरक्षण मन्त्रालय की निर्मल गंगा परियोजना को कर सकेंगे। इसका स्पष्ट अर्थ यह है कि यह दोनों मन्त्रालय परिशोधित पानी के उपयोग का मूल्य चुकायेंगे। जिससे निर्मल गंगा परियोजना के अन्तर्गत जल परिशोधन के लिए संचालित विभिन्न प्रकल्पों एवं बायोडाइजेस्टर्स में जो पूँजी निवेश हुई है, उसकी लागत भी कालान्तर में इस अर्थार्जन के माध्यम से निकल आयेगी। वैसे भी यह दोनों विभाग जिस पानी का इस्तेमाल करते हैं, उसका मूल्य चुकाते ही हैं। इसके अलावा यहाँ

पर गन्दे पानी की परिशोधन प्रक्रिया में मिथेन गैस भी पृथक किये जाने तथा उसमें से कार्बनडाई ऑक्साइड पृथक करने के बाद बायो सीएनजी गैस निकालकर, उसका ईंधन के रूप में इस्तेमाल किया जा सकेगा। यानी कुल मिलाकर प्रकल्प स्वयंपूर्ण एवं आत्मनिर्भर हो सकेगा। वर्तमान में यह दूषित पानी न केवल पर्यावरण को हानि पहुँचा रहा है बल्कि एक तरह से वेस्ट ही है। यही है नितिन गडकरी की 'नथिंग इज वेस्ट। वेस्ट कैन बी कन्वर्टेड टू वेल्थ' की संकल्पना।

महाराष्ट्र सन्तों की भूमि है। यहाँ की सन्त परम्परा प्रदेश के लोगों में रची बसी है। इस वजह से धार्मिक पर्यटन महाराष्ट्र में एक नियमित प्रचलन है। नितिन गडकरी पर्यटन के नये आयामों को छूने की बात करते हैं। वे कहते हैं कि जहाँ एक ओर प्रदेश में सन्त परम्परा है वहीं दूसरी ओर ऐसे महापुरुष भी हैं जिन्होंने समाज के अभावग्रस्त और अत्यन्त पिछड़े आदिवासियों के जीवनोत्थान तथा उन्हें राष्ट्र की प्रमुख धारा में लाने के महति प्रयास किये हैं। वे बाबा आमटे के प्रकल्प 'वरोरा' एवं उनके सुपुत्र डॉ. प्रकाश आमटे के 'हेमलकसा' को पर्यटन स्थल बनाने की योजना के पक्षधर हैं। वे कहते हैं, हमारी नयी पीढ़ी जब ऐसे सेवा प्रकल्पों का अवलोकन करेगी तो उसे वास्तविक धरातल पर जीवन की सच्चाई न केवल दिखेगी बल्कि इस तरह का पर्यटन उन्हें महापुरूषो के गहरे जीवनमूल्यों का बोध भी करायेगा। महाराष्ट्र के राजनीतिक, सामाजिक एवं समाज सुधारक विभूतियों के स्मारकों का भी विकास कर वे उसे प्रेरणास्पद पर्यटन स्थल के रूप में विकसित करने के पक्षधर हैं, क्योंकि इन महापुरुषों के जीवन से भावी पीढ़ी को उन जैसा बनने की प्रेरणा सदैव मिलती रहेगी।

इसी तरह वे भाषा व संस्कृति के संवर्धन हेतु विभिन्न रचनात्मक प्रकल्पों को नियमित रूप से संचालित करने के पक्षधर हैं। इसी की एक कड़ी नागपुर में उनके द्वारा शुरू किया गया 'खासदार सांस्कृतिक महोत्सव' है। खासदार इस मराठी शब्द का अर्थ होता है 'सांसद'। इस महोत्सव में देश–प्रदेश के विभिन्न कलाकारों को अपनी कला प्रस्तुत करने का एक उचित अवसर मिलने के साथ ही वहीं महाराष्ट्र

की विलुप्त होती विविध कला–संस्कृतियों और उसके कलाकारों को एक मंच मिलता है। इस महोत्सव ने नागपुर तथा वैदर्भीय क्षेत्र के कलाकारों को भी अपनी प्रतिभा प्रदर्शन का मौका दिया। इसके पीछे नितिन गडकरी की अवधारणा यही है कि मनुष्य को जीवनचक्र चलाने के लिए जिस प्रकार अर्थार्जन कर रोटी, कपड़ा और मकान की नितांत आवश्यकता होती है, उसी तरह मानवीय मन व आत्मा को प्रसन्न रखने के लिए रचनाधर्मिता, कलाविष्कार की भी उतनी ही आवश्यकता होती है। इस रचनात्मकता के माध्यम से ही ऐसे साहित्य, कविता, गीतों और शायरी की रचना होती है, जो मानव समाज की पथ प्रदर्शक भी बनती है। इसके माध्यम से समाज को जहाँ सुधारवादी दृष्टिकोण मिलता है वहीं समाज की विघातक परम्पराओं पर प्रहार भी किया जा सकता है। समाज को नयी दिशा, नये विचार और सुधारवादी दृष्टिकोण के दर्शन कराना है तो वह कलात्मकता के माध्यम से बड़ी आसानी से सम्भव हो सकता है। कला व साहित्य, एक ऐसा मंच हैं जो सभी जाति–पन्थ–धर्म–वर्ग के लोगों को एकजुट करने में सक्षम है। यहाँ विविध विचारधारा के लोग भी आकर कलात्मकता का रसपान कर नयी प्रेरणा का पाठ यहीं से सीखते हैं। स्वयं नितिन गडकरी भी साहित्य और ललित कलाओं के प्रेमी होने के साथ उनकी नज़र में कलाकारों के प्रति बड़ा आदरभाव है। जीवन में साहित्य, संगीत, कला व संस्कृति का क्या मूल्य है, इसे वे भली–भाँति समझते हैं। यही वे विधाएँ हैं जिनके माध्यम से न केवल तनावपूर्ण स्थिति से बाहर निकला जा सकता है बल्कि यह जीवन को नवस्फूर्ति से भर देने की विलक्षण क्षमता भी रखती है। यही कारण है कि वे ऐसे आयोजनों में निरन्तर शामिल होते रहे और उन्होंने इसके लिए खासदार सांस्कृतिक महोत्सव के माध्यम से समाज में दबी–छुपी हुई प्रतिभाओं को उभरने का एक मंच भी प्रदान किया है।

जीवन जीने के लिए जहाँ भोजन व पानी की ज़रूरत होती है। वहीं स्वस्थ रहने के लिए विविध व्यायाम व खेल गतिविधियाँ भी आवश्यक मानी जाती है। वर्तमान युग में इलेक्ट्रॉनिक गैजेट्स जीवन

को सुविधाएँ देने के साथ–साथ पूरी तरह आलस्य से भर रहे हैं और इसके दुष्परिणाम भी सामने आ रहे हैं। यदि नयी पीढ़ी स्वस्थ व निरोगी होने के साथ–साथ शारीरिक रूप से हृष्ट–पुष्ट नहीं होगी तो सशक्त भारत निर्माण की संकल्पना कैसे साकार होगी? इस बड़े प्रश्न को हल करने के लिए नितिन गडकरी ने जहाँ एक ओर खासदार सांस्कृतिक महोत्सव का मंच तैयार किया है, वहीं दूसरी ओर उन्होंने खासदार क्रीड़ा उत्सव के रूप में नागपुर में एक तरह से खेलों का 'ओलम्पियाड' ही आरम्भ कर दिया। समय के साथ वे इस सोच को और एक क़दम आगे ले जा रहे हैं कि नागपुर के विभिन्न क्षेत्रों में मौजूद मैदानों का विकास कर वहाँ पर स्पोर्ट्स गतिविधियों का बारहों महीने संचालन होता रहे। उन्होंने इसकी व्यवस्था करने के लिए ठोस क़दम भी उठाये हैं। नितिन गडकरी के प्रबन्धन कौशल का एक और विलक्षण पहलू यह है कि वे 'ओव्हरऑल डेवलपमेंट' के पक्षधर हैं। वे जानते हैं कि किसी भी वृक्ष की यदि कोई एक टहनी ज़रूरत से ज्यादा मजबूत कर दी गयी तो वृक्ष मजबूत होना संभव नहीं है। उनका यह स्पष्ट मानना है कि यदि वृक्ष को मजबूती प्रदान करना है तो जड़ों के माध्यम से वृक्ष के सभी अंगों को समान रूप से पोषण प्रदान करना होता है। ठीक उसी प्रकार यदि हमें सशक्त भारत निर्माण की संकल्पना को साकार करना है तो समाज के प्रत्येक वर्ग को विभिन्न योजनाओं के माध्यम से समान अवसर देते हुए समग्र विकास की दृष्टि रखनी होगी। वे इस सन्दर्भ में पं. दीनदयाल उपाध्याय के एकात्म मानववाद की समुचित एवं सामूहिक विकास की संकल्पना के साथ उनकी अंत्योदय की अवधारणा से बेहद प्रभावित हैं। यदि स्वामीनारायण सम्प्रदाय के प्रमुख स्वामी जी के जीवन और शब्दों से व्यक्त अध्यात्म को कहें तो दूसरों की भलाई में ही हमारी अपनी भलाई निहित है। दूसरों की तरक्की में हमारी तरक्की छुपी हुई है, और दूसरों की खुशी में ही हमारी खुशी छुपी हुई है।

मनोदक्षता

मौलिक सोच

विमृश्यकारिता नाम कार्यशोभाविधायिनी।
अविमृश्यक्रिया नूनं कार्यमालिन्यकारणम।।

(नीतिकल्पतरू 7–4)

कल्पनाशक्ति से किया गया सही योजना निर्धारण, लक्ष्यप्राप्ति की प्रेरणा को गतिशीलता प्रदान करता है। वहीं कुनियोजन से व्यक्ति के पथभ्रमित होने की सम्भावना अधिक होती है।

विचार

यह विश्व हमें हमारी मानसिकता के अनुरूप ही दिखायी देता है। हमारे विचार ही इसे सुन्दर और कुरुप बनाते हैं। समस्त विश्व हमारे मस्तिष्क में समाहित है, आवश्यकता इस बात की है कि उसे उचित दृष्टिकोण से ही देखा जाये।

–स्वामी विवेकानन्द

मौलिक सोच

अनुभव हमें मानसिक स्तर पर आन्दोलित करते हैं तो अनुभूतियाँ हमें बौद्धिक–आध्यात्मिक स्तर पर ले जाकर रचनात्मक बनाती हैं। कल्पना, व्यक्ति की आँखों के सामने उसके विचारों की प्रतिमाएँ उपस्थित कर देती हैं, जिसके दर्शन भौतिक आँखों से कर पाना सम्भव नहीं होता। कल्पनाशक्ति उन पदार्थों की अनुपस्थिति में भी उनकी प्रतिमाओं को मन में साकार कर देती हैं और उस सन्दर्भ में विचारों की श्रृंखला ही उत्पन्न हो जाती है। यूँ तो भारत सहित कई देशों में पतंग उड़ाने की परम्परा पीढ़ियों से चली आ रही है। पतंग किसी भी देश में बने, उसमें डोर का होना अति आवश्यक होता है। यानी डोर और पतंग एक–दूसरे के पूरक हैं। उसके बिना पतंग की उड़ान की कल्पना ही नहीं की जा सकती, और यह सिलसिला सदियों से चला आ रहा है। पतंग और डोर के रिश्ते का आध्यात्मिक पहलू भी है जिसे लेकर कहा जाता है कि हम सब एक पतंग की भाँति हैं जिसकी डोर ऊपर वाले के हाथ में है। विधाता की बनायी इन पतंगों में अधिकांश पतंगों के चलने–फिरने या उछलकूद करने की एक मर्यादा है, लेकिन कुछ ऐसी भी हैं जिनका विचरण अमर्याद है, जिन्हें परिन्दे कहा जाता है। जब वे आसमान में उड़ान भरते हैं तो देशों की सीमाएँ भी उन्हें बाँध नहीं सकती। विधाता की इस अपरिमेय रचना से चमत्कृत होकर विश्व में कहीं न कहीं यह विचार अवश्य उपजा होगा कि क्या इन परिन्दों की तरह बिना डोर के आसमान में उड़ान भरने वाली पतंग भी बनायी जा सकती है? और इसी कल्पनाशक्ति ने एक ऐसी अनोखी पतंग को साकार किया जिसे अपने भीतर एक जलती हुई लौ के साथ गगन की ऊँचाई नापते हुए हज़ारों आँखों ने देखा। सवाल इस पतंग निर्माण के तकनीकी ज्ञान का नहीं है। इसमें विलक्षण है वह कल्पनाशक्ति जिसने प्रकाशमान आकाशकन्दील को साकार किया। बस! इसी कल्पनाशक्ति का नाम मौलिक सोच है।

कभी–कभी कल्पनाशक्ति व्यक्ति के हाथों कल्पना से परे नये विषय पर ऐसे आविष्कार करा देती है जिसे देख चमत्कृत होना स्वाभाविक ही है। समस्याओं को सुलझाने की दिशा में व्यक्ति जिन मनोभावों के दौर से गुजरता है, उसी क्षण वह कल्पनालोक में प्रवेश कर जाता है और वहाँ उसे अपनी कल्पनाशक्ति के बूते समस्या का हल और उपचार का मार्ग भी मिल ही जाता है। यह नितिन गडकरी का भी विशेष गुण है। उनके समक्ष जब भी कोई समस्या या किंकर्तव्यविमूढ़ व्यवस्था के विकल्प का प्रश्न आता है तो वे अपनी कल्पनाशक्ति से उस समस्या का न केवल निदान करते हैं, बल्कि समुचित निराकरण का मार्ग भी प्रशस्त करते हैं। समस्या किसी भी कार्यक्षेत्र की हो, इस समस्या को हल करने की दिशा में वे एक लक्ष्य निर्धारण करते हैं और उस लक्ष्य तक पहुँचकर समस्या की विषयवस्तु से सम्बन्धित विशेषज्ञों–विद्वानों से परामर्श कर हल खोजने में कोई कसर नहीं छोड़ते। उनमें मौजूद उपाय प्रदाता का वैशिष्ट्य सहज रूप से सक्रिय भूमिका अदा करता है।

मौलिक सोच दो प्रकार की हो सकती है। एक सोच तो वह है जिसमें व्यक्ति किसी वस्तु का चित्र अपनी कल्पना में प्रकट करता है और उसे साकार रूप देने में जुट जाता है। जब वह चित्र साकार रूप ले लेता है तो उसे आविष्कार कहा जाता है। ऐसे कई आविष्कार प्रयोगशालाओं में पड़े हुए हैं, लेकिन उनकी सार्वजनिक उपादेयता का मार्ग अभी तक प्रशस्त नहीं हुआ है। दूसरी ओर, जिन आविष्कारों की सार्वजनिक उपादेयता का मार्ग प्रशस्त नहीं हुआ है, उन आविष्कारों को जो उपादेय बना देता है, वही दूसरे प्रकार की मौलिक सोच कहलाती है, और नितिन गडकरी में यह दूसरे प्रकार की मौलिक सोच ईश्वरप्रदत्त है, लेकिन आविष्कार की उपादेयता सार्वजनिक रूप से सिद्ध करना भी आसान नहीं है। इसके सफल होने की सम्भावना भले ही क्षीण हो लेकिन उस आविष्कार को सार्वजनिक हित में सामने लाना भी साहस का कार्य है। यह साहस वे कई बार कर चुके हैं।

इसके कुछ उदाहरण देखें तो पता चलता है कि हमारे देश में बरसों पूर्व हुए अनेक आविष्कार केवल किताबों या प्रयोगशाला में ही शोभा की वस्तु बने हुए थे। उनका उपयोग न तो सामान्य जनजीवन को हो रहा था और न उपादेयता की दृष्टि से उसे सार्वजनिक हित में अमल में लाया जा रहा था। वैज्ञानिकों और विशेषज्ञों ने जट्रोपा वनस्पति में छुपा ऑइल, मनुष्य के बालों में पौधों के विकास हेतु आवश्यक प्रोटीन और इथेनाल में छुपा ऊर्जा स्रोत तो खोजा था लेकिन उनकी उपादेयता का मार्ग प्रशस्त नहीं हो पाया था। या यूँ कहें कि इसे केवल आविष्कारक सफलता के रूप में ही देखा जा रहा था, लेकिन जब इन आविष्कारों पर नितिन गडकरी की नज़र पड़ी तो उन्होंने अपनी अद्‌भुत कल्पनाशक्ति, मौलिक सोच, प्रयोगधर्मी साहस के बूते इनका उपयोग सामाजिक उद्यमों में करने की ठानी। उन्होंने इन आविष्कारक उत्पादनों का निर्माण करने वाले प्रकल्प को अपने सामाजिक उद्योगों में शामिल किया एवं उसकी उपादेयता भी सिद्ध की। वे एक ऐसे प्रयोगधर्मी हैं जो स्थापित अवधारणाओं के पार जाकर अपनी रचनात्मक एवं अनुसन्धानात्मक दृष्टि से नयी–नयी मान्यताओं को स्थापित करने की दिशा में सदैव तत्पर रहते हैं। उनकी यही प्रयोगात्मक सफलता उन्हें साहस एवं आत्मविश्वास प्रदान करती है। सामाजिक उद्यमिता का इससे बड़ा उदाहरण और क्या हो सकता है कि सार्वजनिक कल्याण से सम्बन्धित अपने प्रकल्प के लिए वे स्वयं को पूरी तरह समर्पित कर देते हैं। यहाँ तक कि वे स्वयं की निधि का निवेश कर प्रयोगधर्मिता को साकार करने से भी पीछे नहीं हटते।

नितिन गडकरी की विहंगम दृष्टि में छुपी गूढ़ संकल्पना को वही समझ सकता है जिसमें मौलिक दृष्टि से देखने की क्षमता है। इस कारण जो लोग इसे नहीं समझ पाते उनमें कई बार भ्रान्तियाँ भी उत्पन्न होने की सम्भावनाएँ बढ़ जाती हैं। उनकी परिकल्पना के स्वरूप की व्याख्या सामान्य व्यक्ति को आसानी से समझ में आने लायक बने तो उसकी स्वीकार्यता, और भी व्यापक हो जायेगी। यही कारण है कि वे अपनी प्रयोगात्मक दृष्टि को साकार रूप देकर

यह सन्देश ज़रूर देते हैं कि भविष्य की आवश्यकताओं की पूर्ति में उनके प्रयोग कितने कारगर हो सकते हैं। अपने इन्हीं प्रयासों के तहत उन्होंने पारम्परिक ईंधन पेट्रोल–डीजल के मुकाबले इथेनॉल से संचालित होने वाले यात्री वाहनों को स्वीडन से मंगवाया और नागपुर के सार्वजनिक परिवहन क्षेत्र में उनके संचालन का सफलतम प्रयोग कर दिखाया। यह प्रयोग भले ही आज से 20 वर्ष के बाद उत्पन्न स्थिति के लिए अत्यन्त कारगर साबित हो लेकिन 20 वर्ष पहले ही इसका नियोजन करने का प्रयास नितिन गडकरी करें, तो समझा जा सकता है कि उनकी भविष्य दृष्टि कितनी व्यापक है। नितिन गडकरी सदैव परिवहन ईंधन के मामले में वैकल्पिक ऊर्जा स्रोतों को उपयोग में लाने के न केवल पक्षधर रहे हैं अपितु इस सन्दर्भ में वे अत्यन्त प्रयोगधर्मी भी रहे। प्रारंभ में वे प्राकृतिक साधनों जैसे जट्रोपा वनस्पति, करंज बीज, कॉटन स्ट्रॉं, पराली (राइस स्ट्रॉं), अनुपयोगी अनाज के माध्यम से इथेनॉल बनाकर उसकी पेट्रोल में एक निश्चित मात्रा का मिश्रण कर ईंधन खर्च में कमी लाने के लिए प्रयोग करते रहे। कालांतर में उन्होंने फ्लैक्स इंजिन को इसलिए बढ़ावा दिया क्योंकि यह पूरी तरह पेट्रोल या केवल इथेनॉल पर भी चल सकने में समर्थ है। इसी तरह वे एलपीजी एवं ग्रीन हाइड्रोजन का भी परिवहन ईधन के रूप में इस्तेमाल करने की सदैव वकालत करते है। दरअसल, उनके इस वैकल्पिक ऊर्जा स्रोतों के उपयोग में लाने के पीछे केवल ईधन खर्च कम करना ही उद्देश्य नहीं है। अपितु वे पेट्रोल–डीजल के आयात को कम करके लाखों करोड़ों रुपयों की विदेशी मुद्रा बचाकर भी भारत की अर्थ व्यवस्था को सुदृढ़ बनाने के उद्देश्य ये कार्यरत हैं। इसके अतिरिक्त इन वैकल्पिक ऊर्जा के स्रोतों के निर्माण में न केवल अपशिष्ट का मूल्यवर्धन होता है बल्कि हमारा अन्नदाता किसान, ऊर्जा के स्रोतों का प्रदाता बनने की ओर अग्रसर होता है, साथ ही वह आर्थिक रूप से मजबूत भी होता है। इसके फलस्वरूप भारत के गाँवों से शहर की ओर होने वाला पलायन भी कम होगा एवं ग्रामीण भारत सर्वसमावेशक प्रगति की ओर कदम बढ़ाएगा।

यह भी वैज्ञानिक प्रयोगों से सिद्ध हो चुका है कि वैकल्पिक ऊर्जा स्त्रोतों के ईधन से पर्यावरण का क्षरण भी बहुत कम होता है। जिससे वातावरण शुद्ध रहता है और इसका मानव स्वास्थ्य पर सकारात्मक परिणाम भी होता है। इस प्रकार नितिन गडकरी की अवधारणा देश को न केवल कम खर्च वाले ऊर्जा स्त्रोतों से परिचित कराती है अपितु भारतीय अर्थाव्यवस्था सुदृढ़ होकर देश चहुंमुखी विकास की ओर अग्रसर होता है।

वे इस बात को यदा–कदा सार्वजनिक रूप से कहते हैं कि उनके मस्तिष्क में आउट ऑफ बॉक्स बातें अक्सर आ जाती हैं। अपने चेन्नई प्रवास के दौरान जब उनकी जलशोधन प्रक्रिया से जुड़े तकनीकी विशेषज्ञों से चर्चा हुई तो उन्होंने जानना चाहा कि समुद्र के पानी का 'डिसैलिनेशन' (समुद्री जल से नमक व अन्य तत्त्वों को अलग कर पेयजल के रूप में परिवर्तित करने की प्रक्रिया) करने में प्रति लीटर कितनी लागत आती है। विशेषज्ञों ने उन्हें बताया कि इस पर विशेष लागत नहीं आती है। वर्तमान में यह सभी डिसैलिनेशन संयन्त्र बिजली पर चलते हैं। उन्होंने सुझाव दिया कि समुद्र किनारे सौर ऊर्जा प्रचूर मात्रा में उपलब्ध रहती है। क्योंकि सूर्य समुद्र किनारों पर काफी प्रखर तेज़ लिए हुए होता है। यदि इन डिसैलिनेशन संयन्त्रों को सौर ऊर्जा से संचालित किया जाये तो वर्तमान लागत से भी काफी कम लागत हो जायेगी। इस किफायती डिसैलिनेटेड जल का उपयोग बंगाल से लेकर गुजरात तक के साढ़े सात हज़ार किलोमीटर दूरी वाले समुद्र तटीय शहरों–गाँवों के लिए न केवल पेयजल के रूप में हो सकेगा, बल्कि फसलों की सिंचाई के लिए भी हो सकेगा। यह भी सम्भव है कि नदियों पर अरबों रुपये खर्च कर विशालकाय बाँध बनाने की बजाय किफायती डिसैलिनेटेड समुद्री जल का पेयजल एवं सिंचाई के विकल्प के तौर पर उपयोग हो सकेगा। नितिन गडकरी की यह मौलिक सोच यदि साकार हुई तो देश में हरित क्रान्ति और श्वेत क्रान्ति जैसी परिकल्पनाओं को पंख लगने में देर नहीं लगेगी।

राष्ट्र को रेनवाटर हार्वेस्टिंग और बायोवेस्ट से बायोफर्टिलाइजर निर्माण प्रकल्प की सख्त आवश्यकता है। वे इन मुद्दों को सामाजिक आन्दोलन का हिस्सा बनाने के पक्षधर हैं। पिछले 40–50 वर्षों में देश के आविष्कारकों ने अपने शोधकार्यों से विविध क्रान्तिकारी खोजों को जन्म दिया, लेकिन समाजहित में इसकी उपयोगिता को साकार करने की इच्छाशक्ति का अभाव होने के चलते यह शोधकार्य केवल प्रयोगशालाओं तक ही सीमित रहे। पेड़ों से गिरने वाली सूखी पत्तियों को केवल कचरा समझकर जलाने की परम्परा आज भी है, लेकिन समाज में यह धारणा ही नहीं बनी कि ऐसा करने से वायु प्रदूषण होगा और धुएँ से मानव व अन्य प्राणियों के स्वास्थ्य को भी नुकसान पहुँचेगा। सत्ता में आने से पूर्व और सत्ता में आने के बाद भी वे इस परम्परा के विरोधी रहे हैं। उनका मानना है कि पेड़ों से गिरने वाली पत्तियाँ और घरों से निकलने वाले बायोवेस्ट पर यदि बायोफर्टिलाइजर संयन्त्रों के माध्यम से प्रक्रिया की जाये तो उच्च कोटि की जैविक खाद मिल सकती है। जो बगीचों और खेतों में प्रयुक्त रासायनिक खाद का बेहतर विकल्प हो सकती है। आज के दौर में ऐसी खाद की बहुत अधिक माँग भी है। ऐसे संयन्त्र भविष्य में गाँवों में लगाने के सन्दर्भ में भी योजना बनायी जा सकती है। यदि यह प्रयोग व्यापक स्तर पर शुरू हुआ तो रासायनिक खादों के दुष्प्रभावों से कृषिभूमि का संरक्षण होगा और उसकी उर्वरक क्षमता बढ़ने के साथ ही कृषि उपज में भी गुणात्मक सुधार आयेगा।

नितिन गडकरी महात्मा गाँधी की ग्राम विकास संकल्पना से भी प्रभावित हैं। गाँधी जी ने अपने जीवन का बहुमूल्य समय महाराष्ट्र के वर्धा ज़िले में स्थित सेवाग्राम में व्यतीत कर ग्राम विकास की अवधारणा को प्रयोगात्मक रूप से प्रस्तुत किया। नितिन गडकरी मानते हैं कि गाँवों में सकारात्मक प्रयोगधर्मिता के कई रचनात्मक अवसर हो सकते हैं और यही सकारात्मक प्रयोगधर्मिता गाँवों के सामाजिक एवं आर्थिक विकास का आधार बन सकती है। यह न केवल गाँवों के जीवनस्तर को विकसित करेगी, बल्कि गाँवों से शहरों

की ओर होने वाले पलायन को रोककर स्थानीय स्तर पर ही रोज़गार एवं लधु प्रोसेसिंग उद्योग स्थापित करने की दिशा में उपयोगी सिद्ध होगी। इससे कृषि उत्पाद का मूल्यवर्धन होगा और किसानों को अपनी उपज का वांछित मूल्य मिल सकेगा। वे एक बार वर्धा ज़िले में स्थित महात्मा गाँधी विज्ञान संस्थान में पहुँचे। यहाँ संस्थान की ओर से मानव केशों पर अनुसन्धान कर विकसित किये गये अमिनो एसिड की बोतल उन्हें भेंट की गयीं थीं, जो पौधों को पोषण देने वाला किफायती और प्रभावी रसायन था। उन्होंने जब इसका घरेलू स्तर पर प्रयोग किया तो पाया कि पौधों के विकास में लगभग 25 से 30 प्रतिशत की वृद्धि हुई। इसके सकारात्मक नतीजे देख उन्होंने सोचा कि यदि इसका उपयोग हमारे किसान भाई भी करने लगें तो कृषि उत्पादन में गुणात्मक वृद्धि हो सकेगी। इससे किसानों की कृषि आय बढ़ेगी और उनके जीवन में सकारात्मक बदलाव लाने में मदद मिलेगी। उन्हें यह भी पता चला कि बाजार में उपलब्ध अन्य स्रोतों से निर्मित अमीनो एसिड का मूल्य लगभग 900 रुपये प्रति लीटर है। यह समझते ही उन्होंने इसके सस्ते विकल्प केशों के सन्दर्भ में तकनीकी विशेषज्ञों एवं सम्बन्धित अनुसन्धानकर्ताओं से चर्चा की। अब तक सलून से जो मानव केश निकलते थे, उन्हें अनुपयोगी समझकर नष्ट कर दिया जाता था, किन्तु उनके प्रयासों से इस क्षेत्र में केश क्रान्ति आयी। उन्होंने अपनी सामाजिक उद्यमिता से युक्त सोच के अनुसार मानव केशों से अमीनो एसिड बनाने का संयन्त्र स्थापित किया। यह उनकी मौलिक सोच का ही कमाल था कि बाजार में 900 रुपये प्रति लीटर की दर पर उपलब्ध अमीनो एसिड उन्होंने 300 रुपये प्रति लीटर मूल्य पर किसानों को उपलब्ध करवाया। कालान्तर में यह बात भी सिद्ध हुई कि पशुओं के बालों की उपयोगिता भी अमीनो एसिड के निर्माण में है। आज कई पशुओं के अनुपयोगी बालों का उपयोग भी अमीनो एसिड निर्माण की प्रक्रिया में हो रहा है।

नितिन गडकरी जब बायोवेस्ट से बायोफर्टिलाइजर और महँगे अमीनो एसिड का किफायती विकल्प उपलब्ध कराने की दिशा में

प्रयासरत होते हैं तो लगता है कि वे कहीं न कहीं किसानों की नितान्त और मूलभूत आवश्यकता की गहराई तक सोच रखते हैं। इसका कारण यह भी है कि वे स्वयं अपनी जीवन यात्रा में एक किसान की पीड़ा को अनुभूत कर चुके हैं। वे इस सच्चाई को भली–भाँति जानते हैं कि सशक्त भारत का निर्माण किसान के सामाजिक एवं आर्थिक उत्थान के बिना सम्भव नहीं है। यदि कृषि को उद्योग का दर्ज़ा प्राप्त होगा तो इसका सकारात्मक प्रभाव भारतीय अर्थव्यवस्था पर भी होगा। जब स्थानीय साधनों–संसाधनों का उपयोग कृषि लागत एवं खर्च की कमी में होगा तो कृषि उत्पादों की गुणवत्ता एवं अनुपात में बढ़ोत्तरी होगी। किसान को कृषि उत्पादों का बेहतर मूल्य प्राप्त होगा। 'वेस्ट टू वेल्थ' पर आधारित जो प्रकल्प नितिन गडकरी की परिकल्पना से साकार हुए हैं और हो रहे हैं, उससे न केवल ग्रामीणों को रोज़गार के अवसर मिले हैं, बल्कि यह पर्यावरण संरक्षण की दिशा में भी सशक्त क़दम है। यह सब कुछ उन्होंने अपनी सामाजिक उद्यमिता और मौलिक सोच के माध्यम से साकार कर दिखाया है।

समर्थ व्यक्ति कुछ भी करने में सक्षम होता है। कभी–कभी ऐसा लगता है कि वर्तमान में चूँकि नितिन गडकरी केन्द्रीय मन्त्री हैं इसलिए वे इन सिद्धान्तों का अनुपालन करने की दिशा में कार्य करने में समर्थ हैं और कर रहे हैं। जबकि ऐसा कतई नहीं है। उन्होंने अपने निजी जीवन में इन्हीं सिद्धान्तों एवं प्रबन्धन शैली के अनुसार अपनी सोच पर कार्यान्वयन किया है। इसलिए वे आज केन्द्रीय मन्त्री हैं। यह ठीक वैसा ही है, जैसा वे कई बार निजी तौर पर और सार्वजनिक सभाओं में स्पष्ट रूप से कहते हैं कि संचार–सम्पर्क व उन्नत परिवहन व्यवस्था देश की अर्थव्यवस्था की रीढ़ है।

नथिंग इज वेस्ट, वेस्ट कैन बी कन्वर्टेड टू वेल्थ

उपरोक्त पंक्तियों पर सटीक एवं रचनात्मक चिन्तन की आवश्यकता है, और नितिन गडकरी ने यह सिद्ध किया है। उपयुक्त तकनीक एवं सकारात्मक व रचनात्मक दृष्टि रखने वाला नेतृत्व न केवल कचरे से स्वर्ण प्राप्त कर सकता है, बल्कि प्रत्येक स्तर पर

मानव संसाधन की भी गुणात्मक उपादेयता सिद्ध कर सकता है। यह इस प्रबन्धन सूत्र को वे न केवल अपने शब्दों में व्यक्त करते हैं बल्कि वे इसे अपनी कृति से साकार भी करते हैं। वे अपनी सक्षम एवं स्वच्छ भारत निर्माण की अवधारणा के अन्तर्गत उपरोक्त वर्णित इसी पंक्ति को प्रायोगिक रूप से साकार करने के हिमायती हैं। वे कचरा प्लास्टिक जैसे पानी, दूध व खाद्य तेल के पाउच को डामर में मिलाकर सड़क निर्माण के उपयोग में लाने के पक्षधर हैं महिला बचतगटों की महिलाएँ कचरा प्लास्टिक को जमा करें और सड़क निर्माण ठेकेदार उनसे खरीदकर डामरीकृत सड़क निर्माण के उपयोग में ले, चूँकि कचरा प्लास्टिक खरीदा जायेगा तो महिलाएँ भी उसे खरीदने में रुचि रखेंगी, ताकि प्लास्टिक से होनेवाले पर्यावरण प्रदूषण पर रोक लगेगी वहीं महिलाओं को रोज़गार भी मिलेगा।

सड़क सुरक्षा प्रबन्धन के सन्दर्भ में नितिन गडकरी की अवधारणा किसी से छुपी हुई नहीं है। वे चूँकि महाराष्ट्र सरकार में मन्त्री होने के समय से सड़क परिवहन मन्त्रालय से संलग्न रहे हैं। केन्द्रीय मन्त्री बनने के पश्चात भी सड़क दुर्घटनाओं के सन्दर्भ में वे बेहद संवेदनशील रहे हैं। वे इस बात का हमेशा चिन्तन करते रहे हैं कि सड़क निर्माण में तकनीकी दोषों और वाहन चलाते समय लापरवाही के कारण न जाने कितने ही निर्दोष लोगों को अपनी जान गँवानी पड़ी होगी। इसके भुक्तभोगी वे स्वयं भी हैं। एक बार तो नितिन गडकरी और उनका परिवार भीषण सड़क दुर्घटना की चपेट में आकर मौत से साक्षात्कार कर चुका है। उनके मस्तिष्क में यह बात सदैव रहती थी कि सड़क निर्माण में जिस तकनीक का इस्तेमाल किया जाता है, उसका अनुपालन बेहद कड़ाई से होना ही चाहिए। किसी भी अवस्था में सड़क निर्माण में तकनीकी खामियाँ नहीं होनी चाहिए। उन्होंने बहुत बड़े स्तर पर इस दिशा में काम भी किया। इसके बावजूद देश में सड़क दुर्घटनाओं के दौरान हृदय विदारक मौतों का सिलसिला जारी है। इस गम्भीर समस्या पर नियन्त्रण पाने के लिए उन्होंने देशभर में सड़कों पर मौजूद जानलेवा 'ब्लैकस्पॉट' चिन्हित करवाये।

गत 5 वर्षों में ऐसे कौन से दुर्घटनाप्रवण स्थल हैं और वहाँ हुई दुर्घटनाओं की समस्त जानकारी स्थानीय पुलिस विभाग से प्राप्त कर उन्होंने उसका पूरा विवरण तैयार करवाया। तत्पश्चात इन ब्लैकस्पॉट की दुरुस्ती को प्राथमिकता देकर 10 से 12 प्रतिशत ब्लैकस्पॉट की तकनीकी खामियों को दूर करवाया। इसके लिए उन्होंने मोटर वेईकल अमेंडमेंट बिल–2017 पारित करवाया। सड़क पर होने वाली आकस्मिक दुर्घटनाओं के मामले में भी नुकसान भरपाई के लिए उन्होंने बीमा सुविधा प्रदान की। सड़क निर्माण में तकनीकी विकास एवं रोड सेफ्टी बिल के सख्त प्रावधान निश्चित रूप से सड़क दुर्घटनाओं को नियन्त्रित करने में कारगर साबित होंगे।

नितिन गडकरी ने राष्ट्रीय राजमार्ग प्राधिकरण के माध्यम से ट्रक चालकों के लिए मुफ्त नेत्र जाँच एवं चश्मों का वितरण अभियान चलाया। इसके अलावा ड्राइवर्स के लिए प्रशिक्षण केन्द्र भी शुरू किये गये। पहली बार उन्होंने सभी मोटर कार निर्माताओं को बाध्य किया कि 1 जुलाई 2019 के पश्चात प्रत्येक मोटर कार में एयर बैग, वाहन की गति व सीट बेल्ट सम्बन्धी ऑडियो अलर्ट, साथ ही रिवर्स सेंसर्स लगाना अनिवार्य है। सभी पैसेंजर बस एवं टैक्सियों को जीपीएस लगाने की भी अनिवार्यता कर दी। जिससे उस गाड़ी की मौजूदा स्थिति के सम्बन्ध में जानकारी मिल सके। सड़क दुर्घटनाओं के कारणों को इतनी बारीकी से समझने एवं उसके निराकरण की दिशा में ठोस क़दम उठाने के प्रयास देश में पहली ही बार किये गये।

नितिन गडकरी का यह वैशिष्ट्य है कि वे समस्या को सभी कोणों से समझने का प्रयास करते हैं। यही कारण है कि उनके समाधान के सन्दर्भ में उनका चिन्तन बहुतायत एक नवीन सोच लिए आता है। वे इस तथ्य से भली–भाँति अवगत हैं कि सम्पूर्ण समाधान होने की सोच ही मनुष्य को अपनी लक्ष्यसिद्धि तक ले जाती है। इसलिए उनके चिन्तन में आर्थिक किफायत, रोज़गारोन्मुख प्रकल्प एवं पर्यावरण संरक्षण आदि विषय प्रमुखता से होते हैं।

आन्तरिक एकाग्रता

यथा चित्तं तथा वाचो यथा वाचस्तथा क्रिया।
चित्तं वाचि क्रियायां च साधूनामेकवाक्यता।।

(नलचम्पू 3–15)

महान व्यक्ति वही होता है जिसके विचार, वक्तव्य एवं क्रियाकलापों के बीच एकरूपता और सामंजस्य होता है।

विचार

आप स्वयं की आन्तरिक शक्ति से बाह्य जगत में प्रगति करते हैं। कोई आपको शिक्षा नहीं देता और न ही कोई आपको आध्यात्मिक पाठ पढ़ा सकता है। आपकी अन्तरात्मा ही आपका गुरु है।

–स्वामी विवेकानन्द

आन्तरिक एकाग्रता

सामान्यतः व्यक्ति विचारों के वशीभूत होकर जो निर्णय लेता है, उससे बहुधा मनुष्य आवेशित हो जाता है और कई बार विषयवस्तु के चयन में दिग्भ्रमित हो जाता है। लेकिन आन्तरिक एकाग्रता से इन विचारों पर नियन्त्रण पाकर सापेक्ष निर्णय लिए जा सकते हैं। दरअसल एकाग्रता शब्द का संधिविच्छेद किया जाये तो एक+अग्रता होगा। अर्थात किसी उद्देश्य की प्राप्ति के लिए अन्य बातों पर ध्यान न देते हुए केवल एक ही विषयवस्तु पर अपने विचार केन्द्रित करना और आत्मबल से ही एकाग्रचिन्तन सम्भव है। यही आत्मबल, चित्त को शुद्ध कर निश्चित दिशा में केन्द्रित कराते हुए एकाग्रता की प्राप्ति में सहायक होता है। यही एकाग्रता व्यक्ति को असाधारण क्षमता प्रदान करती है।

महाभारत काल में जन्मे निषादपुत्र एकलव्य को भी इसी आन्तरिक एकाग्रता ने असाधारण कलाकौशल का स्वामी बना दिया था। कौरव और पाण्डव राजकुमारों को युद्धकला का प्रशिक्षण देने वाले गुरु द्रोणाचार्य के पास पहुँचकर जब एकलव्य ने धनुर्विद्या सीखने की इच्छा व्यक्त की तो द्रोणाचार्य ने यह कहकर उसे अपना शिष्य बनाने से इन्कार कर दिया था कि वह राजपुत्र नहीं है। एकलव्य इससे बेहद निराश हुआ, लेकिन उसने द्रोणाचार्य को ही अपना गुरु मानकर उनकी एक प्रतिमा बनायी और धनुर्विद्या सीखने का दृढ़ निश्चय किया। उसे गुरु द्रोण ने धनुर्विद्या के कोई गुर तो नहीं सिखाये थे, लेकिन उसकी आन्तरिक एकाग्रता ही उसकी गुरु बनी और वह धनुर्विद्या में निष्णात हो गया। एक बार कौरव और पाण्डव राजकुमारों के साथ गुरु द्रोण जिस वन में आखेट के लिए गये थे, उसी वन में एकलव्य का आश्रम था। राजपुत्रों के आगे–आगे चल रहे श्वान ने जब एकलव्य को देखा तो वह भौंकने लगा। उसके भौंकने से एकलव्य की धनुर्विद्या साधना में विघ्न उपस्थित हुआ। उसने श्वान को कोई चोट पहुँचाए बिना कुछ ऐसे कौशल से तीर चलाये

कि तीरों से श्वान का मुख भर गया और वह श्वान कौरव–पाण्डव राजकुमारों के पास जा पहुँचा। गुरु द्रोण भी इस धनुर्धर का अद्‌भुत कौशल देख चकित हो गये। उन्हें आश्चर्य तो उस समय हुआ जब उन्होंने एकलव्य के आश्रम में अपनी प्रतिमा देखी। एकलव्य की इस कहानी से यह तो सिद्ध हो जाता है कि व्यक्ति का कोई चैतन्य गुरु भले ही नहीं हो, तब भी वह आन्तरिक एकाग्रता के बल पर अद्‌भुत कला–कौशल का धनी हो सकता है।

आन्तरिक एकाग्रता अद्‌भुत कलाविष्कार को भी जन्म देती है। कहा जाता है कि जब एकलव्य ने गुरु द्रोणाचार्य के चरणस्पर्श किये तो गुरु द्रोण ने उससे गुरुदक्षिणा में उसके दाहिने हाथ का अँगूठा माँग लिया था। अँगूठा कट जाने के बाद भी एकलव्य निराश नहीं हुआ, बल्कि उसने अँगूठे के बिना तीर चलाने का कड़ा अभ्यास किया। उसने तर्जनी व मध्यमा अँगूली के माध्यम से कुशल धनुर्विद्या का प्रदर्शन जारी रखा। इस विद्या के बलबूते उसने अपने राज्य का विस्तार भी किया। एकलव्य ही ऐसा धनुर्धर है जिसने संसार को तर्जनी और मध्यमा से तीर चलाने की दिशा दिखायी। आज तीरंदाज़ी, तर्जनी और मध्यमा से भी की जाती है। यह एकलव्य का ही कलाविष्कार था।

इसी तरह योगदर्शन के अन्तर्गत नित योगाभ्यास एवं ध्यान–साधना से भी मन को संकल्पित कर एकाग्र करने का प्रयास किया जाता है। प्रत्येक विचार का एक मानसिक मूर्त रूप होता है और वह मूर्तरूप धीरे–धीरे मनमस्तिष्क में प्रविष्ट कर जाता है। यह मूर्त रूप हमें अपने विचारों को केन्द्रित कर और अपनी समस्त ऊर्जा व शक्ति इसे साकार करने की दिशा में प्रवाहित करने के लिए प्रेरित करता है। धीरे–धीरे मन की सम्पूर्ण शक्ति उसी दिशा में कार्यरत हो जाती है। आन्तरिक एकाग्रता को समझने के लिए विचार और विचारक यह दोनों भिन्न हैं, इस भेद को समझना आवश्यक है। यह भी अत्यन्त स्पष्ट है कि व्यक्ति और उसका मन दोनों पृथक–पृथक हैं। व्यक्ति तो केवल मनोत्पन्न भावनाओं का मौन प्रेक्षक है।

जिस प्रकार गंगोत्री से निकलकर गंगा नित्य सागर की ओर बहती है, उसी प्रकार पूर्व संस्कारों के वशीभूत होकर उठने वाले अनन्त विचार, जागृत और सुषुप्त दोनों अवस्थाओं में विभिन्न विषयों की ओर दौड़ते रहते हैं। मन में सतत विचार चक्र चलता ही रहता है। मस्तिष्क आराम चाहता है पर मन नहीं। मन निग्रही योगी, सदा जागता है। तात्पर्य यह है कि वह हर अवस्था में जागरूक रहता है। उस पर किसी भी प्रकार की अवस्था, परिस्थिति, भावावेश हावी न हो और वह प्रत्येक स्थिति में स्वयं को जागृत रखने में सक्षम हो। क्रिया–प्रतिक्रिया उस व्यक्ति की हो, न कि अवस्था, परिस्थिति या भावावेश की। वास्तव में यही है योगी का सदा जागना, और यही है मन की आत्मशक्ति। इस भेद को मूल रूप से समझना व्यक्ति के लिए आवश्यक है कि जिन्दगी में समस्याएँ ज़रूर होती हैं लेकिन जिन्दगी समस्या नहीं है। इस तथ्य को नितिन गडकरी भली–भाँति जानते हैं। और यही कारण है कि अवस्था, स्थिति, परिस्थिति और भावावेश उन्हें कतई विचलित नहीं करते।

वास्तव में, जो व्यक्ति एकाग्र होता है उसमें धैर्य एक दैवीय गुण होता है। एकाग्रचित्त व्यक्ति में धैर्य की दिव्यता उसे परिस्थितिवश न तो विचलित होने देती है और न ही विविध विषयों में उलझने की स्थिति में ले जाती है। इसलिए आनेवाले प्रश्नों को सुनने, गुनने और प्रश्न के मूल को चुनने की विलक्षणता हासिल करने के लिए एकाग्रचित्त होना प्राथमिक गुण है, और यह गुण नितिन गडकरी में विद्यमान है। यही वह गुण है जिसने उन्हें नेतृत्व क्षमता प्रदान कर दी। शनैः शनैः उनके नेतृत्वगुणों में सहज रूप से निखार दिखने लगा। इसका परिणाम यह हुआ कि उनके समकालीन छात्र साथियों ने उन्हें बड़ी सहजता व सरलता से अपना नेतृत्व मान लिया था। ऐसा क्यों हुआ कि सँगी–साथियों को उनमें अपना नेतृत्व दिखने लगा। ऐसा नहीं था कि साथियों की अपनी कोई आकांक्षा नहीं थी, लेकिन उनकी सार्वभौमिक दृष्टि ने सभी साथियों को उनका कायल बना दिया और उन्हें लगने लगा कि उनमें सर्वश्रेष्ठ होने के गुण मौजूद हैं।

इसलिए उन्हें अपना मुखिया या नेतृत्व मानकर चलने में ही सार्थकता और सार्वत्रिक शक्ति निहित है। वे यह सोचने लगे थे कि हमारे इस साथी में हमारी कमजोरियों को ताक़त में परावर्तित करने की क्षमता है। वे यह महसूस करने लगे थे कि वे ऐसे व्यक्तित्व हैं जो उनके कलाकौशल में गुणानुवृद्धि करने की क्षमता रखते हैं। यही वह शख्स हैं जो उनसे भी काफी आगे की सोचते हैं। वे ऐसे प्रेरक हैं जो सफलता में किये गये सामूहिक प्रयासों का आदर करते हैं। जब समूह इस दृष्टि से अपने किसी साथी को देखने लगे तो उस व्यक्ति का नेतृत्व सहज रूप से स्वीकार्य हो जाता है और यही नितिन गडकरी के साथ हुआ। यह ठीक वैसे ही है जैसे, **'नाभिषेको न संस्कारः सिंहस्य क्रियते वनै। विक्रमार्जितराज्यस्य स्वयमेव मृगेन्द्रता।।' (हितोपदेश 2–99)** अर्थात् जंगल में पशु, सिंह का राज्याभिषेक या संस्कार करके या उस पर पवित्र जल का छिड़काव करके उसे राजा घोषित नहीं करते, बल्कि सिंह अपनी क्षमताओं और योग्यता के बल पर खुद ही राजा बन जाता है। आन्तरिक एकाग्रता जहाँ व्यक्ति में कुशल नेतृत्व क्षमता को जन्म देती है, वहीं निर्भिकता जैसे गुण भी पुरस्कार में देती है। निर्भिकता एक ऐसा गुण है, जो व्यक्ति को परिस्थितियों और चुनौतियों का बहादुरी के साथ सामना करने का साहस प्रदान करती है। यह एक दृढ़ मानसिक भावना है, जो व्यक्ति को संघर्ष के दौर में भी सम्बल प्रदान करती है। निडरता व्यक्ति के विचारों को असीम बना देती है। तब उसके विचारों को किसी सीमा में नहीं बाँधा जा सकता। जीवन में एक दृष्टिकोण होता है स्व का, जहाँ व्यक्ति स्वयं को खोने और पाने से प्रभावित होता है। दूसरा गुण होता है सर्व का, जहाँ व्यक्ति निजी स्वार्थों से ऊपर उठकर सर्वहिताय दृष्टि से जीवन जीता है। तभी वह खोने और पाने की मानसिकता से उपर उठ जाता है। और सही अर्थों में ऐसा व्यक्ति निडर हो जाता है। निडरता के यही लक्षण हमें नितिन गडकरी में स्पष्ट रूप से परिलक्षित होते हैं।

यह अत्यन्त स्पष्ट सिद्धान्त है कि मानसिक क्षमताएँ मुख्य रूप से दो बातों पर अवलम्बित होती हैं। पहली बात व्यक्ति में शक्तियों की प्रबलता का होना और दूसरा यह कि इन शक्तियों को कितनी एकाग्रता से उपयोग में लाया गया। व्यक्ति चाहे कितना भी कुशाग्र बुद्धि या शक्तिशाली क्यों न हो, किन्तु यदि वह अपने मन को नियन्त्रित करने में असमर्थ रहता है या उसका मन इधर–उधर भटकने की स्थिति में होता है तो वह अपनी मानसिक क्षमताओं का परिपूर्ण उपयोग करने में असमर्थ होता है।

अवचेतना और विलक्षण स्मरणशक्ति

शास्त्रे प्रतिष्ठा सहजश्च बोधः प्रगल्भ्यमभ्यस्तगुणा च वाणी।
कालानुरोधः प्रतिभानवत्वमेते गुणा कामदुधारू क्रियासु।।

(मालतीमाधव 3–2)

सम्यक ज्ञान ही अवचेतन की गहराइयों तक पहुँचकर बौद्धिकता में गुणानुवृद्धि कर स्वाभाविक विलक्षणता प्रदान करता है, और यही विलक्षणता व्यक्ति को वाक्पटु, तीव्र बुद्धिमान एवं समय सूचक बनाती है, जो बड़ी सफलता का मूल तत्त्व है।

विचार

जो भी हम अपने अवचेतन मन में बोते हैं वही हम अपने शरीर और वातावरण में पाते हैं।

–जोजफ मर्फी

अवचेतना और विलक्षण स्मरणशक्ति

अवचेतन मन के ज्ञानकोष की उपादेयता जब व्यक्ति के चेतन मन के अधीन आ जाये तो ऐसा व्यक्ति विलक्षण मेधा व स्मरणशक्ति का धनी हो जाता है, और यही विलक्षणता हमें हमारे भीतर के विकारों को सापेक्ष विचारों में परिवर्तित करने की क्षमता प्रदान करती है। व्यक्ति की मानसिक क्रियाएँ बाह्यचेतना क्षेत्र तक सीमित नहीं रहतीं, उनका जो भाग अवचेतन में होता है, उसका विस्तार और महत्त्व, उस भाग से कहीं अधिक होता है जो चेतन मन के भीतर होता है। यह तो विज्ञान भी स्वीकार करता है कि व्यक्ति के मानसिक जीवन का कम से कम 90 प्रतिशत भाग अज्ञात चेतना के भीतर होता है। और, चेतन में केवल 10 प्रतिशत। जिस तरह बर्फ की शिलाएँ यानी आइसबर्ग, जब समन्दर में तैरती हैं तो उसका केवल थोड़ा सा ही भाग पानी की सतह के ऊपर दिखायी देता है। इसी प्रकार व्यक्ति के मन का अधिकांश भाग, उसकी चेतना क्षेत्र की सतह के नीचे ही विद्यमान रहता है। अवचेतन का एक महत्त्वपूर्ण कार्य यह है कि वह व्यक्ति के अथाह स्मृतिकोष का निवास स्थान है। जिसमें उसका इन्द्रिय गोचर ज्ञान, अनुभव, हमारी चेतन–अवचेतन अनुभूतियाँ, संग्रहित रहती हैं। व्यक्ति की निपुणता और दक्षता जिसे आवश्यकता पड़ने पर मनुष्य अपनी इच्छानुसार प्रदर्शित कर सकता है, यह सब–कुछ उसके अवचेतन में ही संचित रहता है। यह अवचेतन केवल एक अनन्तकोष ही नहीं वरन् एक ऐसी व्यवस्था है, जहाँ नवीन ज्ञानानुभव और संचित ज्ञानानुभव के साथ अनुसन्धान की क्रिया भी होती है। जहाँ नवीन और संचित दोनों मिलकर एक नये परिष्कृत ज्ञान को अविष्कृत करती है, और यह क्रिया व्यक्ति के अवचेतन में सतत चलती रहती है। आवश्यकता पड़ने पर यह नया रूप धारण कर उसके सचेतन मन में आती है और कभी–कभी तो इस सीमा तक अभिव्यक्त होती है कि वह स्वयं उस व्यक्ति को भी अचम्भित कर देती है।

जब व्यक्ति का सचेतन मन सक्रिय होता है तो उसे इस बात का पूवार्भास अथवा अनुभूति होती रहती है, परन्तु अवचेतन की सक्रियता का ज्ञान प्रत्यक्ष रूप से किसी को नहीं हो पाता। यह ज्ञान उस व्यक्ति को भी नहीं होता जिसके अवचेतन में इस प्रकार की अनुसंधानिक क्रियाएँ चलती रहती हैं। जब मनुष्य गहरी नींद में बिल्कुल अचेत हो जाता है तो उसका सचेतन मन कार्य करना बन्द कर देता है, लेकिन उसका अवचेतन मन और भी तीव्र गति से कार्य करने लगता है। जिसमें से कुछ भाग तो व्यक्ति की मानसिक क्षमताओं से परे होता है जो यदा कदा सुप्तावस्था में स्वप्न के रूप में भी प्रकट होता है। मनोविज्ञान शास्त्र इसे प्रमाणित कर चुका है। यह बहुतायत अत्यन्त लाभदायक भी होता है। क्योंकि ऐसे कई उदाहरण एवं प्रमाण हमारे समक्ष हैं कि व्यक्ति से जो प्रश्न जागृत अवस्था में हल नहीं हो सके, वे निद्रावस्था अथवा अवचेतन स्तर पर हल कर दिये गये। कभी–कभी निद्रावस्था में मन नये–नये विचारों को पैदा करने और गुत्थियों को सुलझाने के ऐसे विलक्षण परिणाम देता है कि जो पूरी चेतना के समय भी दिखायी नहीं देते हैं। व्यक्ति के जीवन में उसकी मानसिक एवं शारीरिक कार्यक्षमताओं में अवचेतन की सहभागिता उसी स्तर पर सम्भव होती है, जब वह अपने निर्धारित लक्ष्य के प्रति सौ फीसदी, शत प्रतिशत समर्पित होता है। जैसे कि सशक्त भारत निर्माण का मेरा लक्ष्य बेहतर सड़कों के जाल और निर्बाध परिवहन सेवा से ही साध्य होगा, ऐसा नितिन गडकरी का अटूट संकल्प और विश्वास है। इसके लिए वे पूर्णरूपेण समर्पित भी हैं। यही कारण है कि वे सड़क निर्माण में आनेवाली सभी बाधाओं को दूर कर अपने लक्ष्य की ओर अग्रसर दिखायी पड़ते हैं।

नितिन गडकरी के सम्बन्ध में यह निर्विवाद सत्य है कि वे अपने प्रकल्पों में निहित समस्त प्रक्रिया एवं उसके कार्यान्वयन एवं विकास सम्बन्धी सभी आँकड़ों को सिलसिलेवार, बिना किसी कागज को देखे, केवल अपनी स्मृति के आधार पर अपने सम्बोधनों में प्रस्तुत करते हैं। अपने प्रकल्प से सम्बन्धित किसी भी अध्ययन में वे इतनी गहराई तक

डूब जाते हैं कि उनके द्वारा अनुभूत की गयी बातें उनके अवचेतन मस्तिष्क कोष में जाकर संग्रहित हो जाती है। यही कारण है कि नितिन गडकरी जब भी किसी सभा, बैठकों, पत्र परिषदों, साक्षात्कारों अथवा संसद में अपना वक्तव्य देते हैं तो धाराप्रवाह बोलते हैं। यहाँ तक कि प्रकल्प से सम्बन्धित आँकड़े तक उन्हें याद रहते हैं। जिसका वर्णन वे बड़ी सहजता से करते हुए नज़र आते हैं।

सकृदुक्तं च गृह्णाति न च विस्मरति श्रुतम्। धीर्धारणावी यस्य मेधावी स इहोच्यते।। (पुरुषपरीक्षा 2–10–11) 'अर्थात बुद्धिमान व्यक्ति की पहचान उसकी तीव्र ग्राह्यशक्ति से होती है। वे एक ही बार में विषयवस्तु को उसकी गहराई तक समझ जाते हैं। वे ऐसी मेधाशक्ति के धनी होते हैं कि उनके द्वारा सीखे–समझे विषय, उचित समय पर उनके स्मृति पटल पर उभर आते हैं। नितिन गडकरी को इस तरह अद्भुत स्मरण शक्ति का धनी कहा जाये तो अतिश्योक्ति नहीं होगी। उनमें इस तरह की समय सूचकता एक विलक्षण गुण की तरह विद्यमान है। इसका सीधा सम्बन्ध स्मरणशक्ति के साथ होता है। अवचेतन मन निश्चित रूप से चेतन मन के समक्ष आने वाले विषयों को आत्मसात करता है।

कोई विषयवस्तु जिस प्रबलता के साथ अवचेतन मन में पहुँच जाती है, वह उसी प्रबलता से आत्मसूचना के इशारे पर पुनः प्रकट भी हो जाती है। यह प्रक्रिया कोई दैवी चमत्कार नहीं है, बल्कि व्यक्ति की मानसिक क्षमताओं को प्रशिक्षित करने की एक कला है। इसका मूलमन्त्र केवल इतना ही है कि आप किसी विषयवस्तु के प्रति कितने प्रामाणिक और गम्भीर हैं। नितिन गडकरी इसी प्रामाणिकता से जब किसी भी विषयवस्तु को आत्मसात करते हैं तो वह उनके अवचेतन में कोष की तरह संचित रहती है, और समय आने पर मानस पटल पर पुनः उभर आती है। इसलिए वे किसी कागज, दस्तावेज को देखे बिना कई प्रकल्पों के आँकड़े एवं जानकारी धाराप्रवाह प्रस्तुत करने में सक्षम और समर्थ हैं।

सकारात्मकता-गुणग्राहकता

अमन्त्रक्षरं नास्ति नास्ति मूलमनौषधम।
अयोग्यरू पुरुषो नास्ति योजकस्तत्र दुर्लभः।।

(सुभाषित)

इस जग में ऐसा एक भी अक्षर नहीं है जो मन्त्र नहीं है। ऐसी कोई जड़ी नहीं जो औषधि नहीं, और ऐसा व्यक्ति नहीं जो योग्य ही नहीं। केवल इन्हें जोड़ने वाला व्यक्ति दुर्लभ है।

गुणदोषसमाहारे गुणान् गृह्णन्ति साधवः।
क्षीरवारिसमाहारे हंसः क्षीरमिवाखिलम।।

(पद्मपुराण 1–35)

विचार

इस संसार में कोई भी अनुपयोगी नहीं है, यदि इस बात को समझ लिया तो बोझ लगने वाली वस्तु भी आपको हल्की लगने लगेगी।

–चार्ल्स डिकंस

सकारात्मकता-गुणग्राहकता

वैसे देखा जाये तो सकारात्मकता अपने आप में कुछ नहीं है, वह तो केवल नकारात्मकता की नकार में ही निहित है। यह प्रश्न किया जाये की प्रकाश क्या है? तो वह केवल अँधेरे की अनुपस्थिति ही तो है। यहाँ यह भी अत्यन्त स्पष्ट है कि सकारात्मक नेतृत्व स्वयं के गुणों का जिस आस्था व निर्विकार भाव से आदर करता है, उसी अनुसार, वह अपने अधीनस्थ सहयोगियों एवं अन्यों के गुणों एवं कार्यों का मूल्यांकन भी करता है, और यह गुण नितिन गडकरी में सहज भाव से उपलब्ध है। उनका सदैव यही मानना है कि प्रत्येक व्यक्ति में अच्छाई होती है। प्रत्येक व्यक्ति में सकारात्मकता एवं रचनात्मकता दोनों ही होती है। इसमें अनुपात का फर्क हो सकता है क्योंकि इन गुणों को जब तक अवसर नहीं मिलते तब तक वे प्रकट नहीं होते। वे मानते हैं कि प्रत्येक में जो अच्छाई है उसे स्वीकार करो, उन अच्छाइयों का सम्मान करो, उसकी अच्छाइयों को बढ़ावा दो। यदि अच्छाइयों को सही अवसर मिलेंगे तो उस व्यक्ति की बुराइयाँ अपने आप विलीन हो जायेंगी।

नितिन गडकरी, गुणग्राहकता के विशेष आग्रही हैं। इसे समझाते हुए वे कहते हैं कि मान लीजिये आपकी गुणवत्ता a^2 है तो जब भी आप कोई कार्य करेंगे आपके गुणों की क्षमता a^2 के अनुसार परिणाम देगी। वहीं यदि किसी की गुणवत्ता b^2 है और वह जब भी कोई कार्य करेगा तो उसके गुणों की क्षमता b^2 के अनुसार ही परिणाम देगी, किन्तु जब यह दोनों मिलकर एकसाथ काम करेंगे तो उसके परिणाम गणित के उस सूत्र के अनुसार मिलेंगे जिसमें गणित का सिद्धान्त कहता है कि $a^2 + b^2 = a^2\ b^2 + 2ab$। इस सूत्र में यह जो अतिरिक्त 2 ab है वह a^2 एवं b^2 द्वारा मिलकर कार्य करने का 'विशिष्ट परिणाम' है। इसलिए जब भी दो गुणवत्ताएँ आपस में मिलती हैं तो इस तरह की अतिरिक्त गुणों की वृद्धि सुनिश्चित होती है। यही कारण है कि नितिन गडकरी प्रत्येक इन्सान की गुणवत्ता के कायल एवं आग्रही हैं।

सकारात्मकता और गुणग्राहकता का सबसे सटीक उदाहरण मर्यादा पुरूषोत्तम राम हैं। दशरथ पुत्र राम को जब 14 वर्ष के वनवास पर राजसुख छोड़कर वन में जाना पड़ा तब उनके साथ किसी भी प्रकार के राजसी साधन–संसाधन नहीं थे। सीताहरण के बाद जब उन्होंने सीता की खोज शुरू की तो बड़ी ही सकारात्मकता से मार्ग में उपलब्ध गुणीजनों की विशेषताओं का उपयोग किया। गिद्धराज जटायु की हज़ारों मील दूर देख पाने की विशेषता के बूते ही वे यह जान सके कि सीता, रावण की लंका में अशोक वाटिका में नज़रबन्द है। सीता की कुशलक्षेम ज्ञात करने के लिए उन्होंने हनुमान जी में लंका तक पहुँचने की क्षमता देखी। पुष्टि हो जाने के बाद अब लंका पर चढ़ाई करने की बारी थी, लेकिन विशाल समुद्र लाँघकर वानर सेना को लंका तक पहुँचाने के लिए उनके पास कोई संसाधन नहीं थे। ऐसे में नल और नील नामक दो वानरों की गुणवत्ता को उन्होंने परखा। उन दोनों के माध्यम से सेतु निर्माण का कार्य शुरू हुआ और सेतु बनकर तैयार हुआ। इस तरह राम के अयोध्या से लंका तक पहुँचने की यात्रा का अवलोकन करें तो पता चलता है कि केवट निषाद से लेकर जटायु, सुग्रीव, अंगद, हनुमान, नल–नील आदि वनवासियों की गुणवत्ता की परख राम ने की और उनकी गुणवत्ता का सटीक क्रियान्वयन भी किया। यही नहीं, राम ने उनमें भी प्रबल आत्मविश्वास का संचार किया, जिससे वे अपनी गुणवत्ता और क्षमता को पहचान सके।

नितिन गडकरी सदैव यह मानते हैं कि कार्यकर्ता और नेता के बीच में केवल 12 इंच से ज्यादा की दूरी नहीं रहनी चाहिए। उसे संचार और सम्पर्क दोनों में साहजिक सुलभता महसूस होनी चाहिए तभी कार्यकर्ता भावनात्मक रूप से साथ जुड़ेगा। वे कहते हैं यदि आप अच्छे लोगों की तलाश करोगे तो फिर तलाश करते ही रह जाओगे। आपसे सम्पर्क में आनेवाले प्रत्येक व्यक्ति की अच्छाइयों को प्रोत्साहन दो, अपने आप अच्छे लोग तैयार होते चले जायेंगे। यदि व्यक्ति अपना स्वयं का कार्य सच्चाई और ईमानदारी से करे तो सभी

उस व्यक्ति से प्रेम करने लगेंगे। इसी प्रेम से अच्छा व्यवहार उपजेगा और सदव्यवहार ही दिलों को जीतने की कुन्जी है। मानवीय रिश्ते किसी भी कार्यक्षेत्र की सबसे बड़ी पूँजी है। जो भी कहो, उसे न केवल पूरा करो बल्कि उस विषय से सम्बन्धित सफलता–असफलता की पूरी जिम्मेदारी भी उठाओ। स्मरण रहे, बोलने और करके दिखाने में जमीन–आसमान का अन्तर होता है। जिसने भी मदद की उसके प्रति सदैव कृतज्ञ भाव रखो। प्रत्येक कार्यकर्ता को विकास करने का समान अवसर मिलना चाहिए। नितिन गडकरी सदैव यह कहते हैं, 'यह आवश्यक नहीं कि कार्यकर्ता को पुत्रवत् मानो, बजाय इसके उसे अपने कुटुम्ब का सदस्य समझने की भावना रखो। हम यदि विचार करें तो कुटुम्ब में सभी प्रकार की क्षमताओं वाले, भिन्न–भिन्न विचारों वाले, अलग–अलग कार्यशैली वाले सदस्य होते हैं। कुटुम्ब का नेतृत्व सभी को साथ लेकर चलता है। ताक़तवर सदस्य का उपयोग करता है। निर्बल सदस्य का बल बढ़ाता है। तभी सही मायने में कुटुम्ब में समन्वय भी होगा और सामंजस्य भी। यही सफलता का वास्तविक आधार है। वे कहते हैं– 'आई कहती थी, दान ऐसा देना चाहिए कि दायाँ हाथ दे तो बाएँ को पता ना चले'। इन्हीं संस्कारों से ओत–प्रोत नितिन गडकरी के जीवनमूल्य उन्हें कभी भी किसी बात का दुख अनुभूत नहीं होने देते।

नितिन गडकरी का एक उल्लेखनीय गुण यह है कि वे छोटे से छोटे व्यक्ति के गुणों को भी अहमियत देते हैं और यह सुनिश्चित कर लेते हैं कि कौन से गुण वाला व्यक्ति उनके नेटवर्क में किस स्थान पर उपयुक्त हो सकता है। उनका यह गुण ही उन्हें प्रभावी नेतृत्वक्षमता का धनी बनाता है। जब कोई वक्ता अपनी बात किसी अन्य श्रोता को सुनाता है तो श्रोता के लिए प्राथमिक रूप से यह अत्यन्त आवश्यक हो जाता है कि वह वक्ता की बात को पूरी तरह से ध्यानपूर्वक सुनें। वक्ता की बात को ध्यानपूर्वक सुनने के लिए श्रोता तभी तैयार माना जा सकता है जब उसका मस्तिष्क कुण्ठा और पूर्वाग्रह के साथ अपने पूर्वसंचित विषयज्ञान एवं तैयार उत्तरों से मुक्त हो।

अर्थात श्रोता का मस्तिष्क वक्ता द्वारा कही गयी बात को संग्रहित करने के लिए तत्पर हो। ताकि वक्ता से प्राप्त जानकारियों की सटीक विवेचना हो सके। जब मस्तिष्क तटस्थ भाव में होगा तभी श्रोता, वक्ता की बात को संग्रहित कर सकेगा। इसी अवस्था को श्रवण की सहज अवस्था कहा जा सकता है। नितिन गडकरी के सन्दर्भ में बात करें तो वे अच्छे श्रोता होने के साथ–साथ अच्छे वक्ता भी हैं। किसी भी व्यक्ति की बात जहाँ वे पूरी तरह तटस्थ रहकर मनोयोग से सुनते हैं, वहीं पूर्ण रूप से सहज रहकर वक्तृत्व भी देते हैं। यही नहीं, उनकी वक्तृत्व शैली का श्रोताओं पर कुछ ऐसा मनोवैज्ञानिक प्रभाव पड़ता है कि वह अपने सारे मनोभावों से मुक्त होकर रह तटस्थ हो जाता है और निर्विकार होकर उनकी बात श्रवण करने लगता है। ऐसे गुण बिरले ही लोगों में पाये जाते हैं।

प्रबन्धन शास्त्र में मुख्यतः दो धाराएँ होती हैं। एक होती है विश्वास आधारित व्यवस्था और दूसरी होती है भय आधारित व्यवस्था। विश्वास आधारित व्यवस्था व्यक्ति को उसके सहयोगियों की मानसिक एवं बौद्धिक क्षमताओं को समझने और पल्लवित करने का अवसर प्रदान करती है। यहाँ सूत्र कुछ ऐसा होता है कि क्या करना है, इसका निर्धारण नेतृत्व तय करता है, और कैसे करना है इसके लिए सहयोगियों को निर्णय लेने की भी आज़ादी होती है। ऐसे में प्रत्येक व्यक्ति अपने–अपने ढंग से 'कैसे करना है' इसका चिन्तन–मनन कर प्रक्रिया की भूमिका तैयार करने के लिए प्रस्तुत होता है। दूसरी ओर भय आधारित व्यवस्था में 'क्या और कैसे' दोनों ही निर्णय केवल नेतृत्व ही लेता है। इस अवस्था में सहयोगियों के कुण्ठित व अविकसित रहने की सम्भावना सदैव बनी रहती है। छोटे से छोटे निर्णयों को लेने का साहस सहयोगी करने में अक्षम रहते हैं। इसके परिणामस्वरूप यह होता है कि नेतृत्व द्वारा निर्धारित लक्ष्य के प्रति उनकी सकारात्मक संवेदनाएँ जुड़ नहीं पाती हैं। भयजनित व्यवस्था में सहयोगी किसी भी प्रकार की जिम्मेदारी को लेने से बचता है। ऐसी परिस्थिति में समस्त कार्य का

बोझ एवं दायित्व केवल नेतृत्व पर आ जाता है, और ऐसे में नेतृत्व का अत्यन्त व्यस्त तथा चिन्ताग्रस्त हो जाना स्वाभाविक प्रक्रिया है। जो बेहद थकाने वाली तथा चिड़चिड़ाहट जैसी परिणामकारक होने की सम्भावना अधिक रहती है। नेतृत्व की ऊर्जा एवं समय का एक बहुत बड़ा हिस्सा इसी प्रकार की अनुत्पादित प्रक्रिया में व्यर्थ ही व्यतीत होता है। जिससे कभी–कभी नेतृत्व लक्ष्यप्राप्ति से दूर रहकर पथभ्रमित होने की आशंका बनी रहती है।

नितिन गडकरी का जीवन इतने संघर्षों भरा रहा है कि उन्होंने अपने जीवन के प्रत्येक संघर्ष से कुछ न कुछ सीखा है। यही कारण है कि उनकी सोच में समग्रता एवं व्यापकता परिलक्षित होती है। अपने सुदीर्घ अनुभवों के कारण वे समस्या से कभी विचलित नहीं होते, बल्कि उस समस्या या चुनौती के मूल में जाकर समाधान खोजने की दृष्टि रखते हैं। समस्या से सम्बन्धित विषय–वस्तु को वे समग्र रूप से देखते हैं। इसलिए वे समस्या में ही समाधान ढूँढ़ लेते हैं और अनुभवों से नये अवसरों को जन्म देते हैं। इसी कारण उनके द्वारा किसी भी समस्या के सम्बन्ध में निकाला गया समाधान व्यापक दृष्टिकोण लिए हुए ही होता है। यह उनके प्रबन्धन कौशल की सबसे बड़ी विशेषता है। वे असफलता को हार के रूप में नहीं देखते बल्कि अपेक्षा से कम पैमाने पर मिली सफलता मानते हैं। यही सकारात्मकता उन्हें दूसरों से अलग करती है।

नितिन गडकरी नागपुर विद्यापीठ के पदवीधर निर्वाचन क्षेत्र से विधान परिषद सदस्य चुनकर जाते थे। एक बार चुनाव में स्थिति ऐसी बनी कि जो इनके विरूद्ध चुनाव लड़ रहा था, वह व्यक्ति आर्थिक रूप से अत्यन्त पिछड़ी पृष्ठभूमि के परिवार से था। वह व्यक्ति प्रतिभाशाली अवश्य था पर चुनाव का खर्च वहन करने की उसकी क्षमता नहीं थी। यह जानकर नितिन गडकरी ने उसके लिए अपनी ओर से एक कार, उसका ईंधन और ड्राइवर का इन्तज़ाम किया था। यही कारण है कि विरोधी भी उनके कायल हो जाते हैं। वे कभी भी अपने विरोधियों के साथ कोई पूर्वाग्रह नहीं रखते।

वे जो व्यवहार अपने समर्थकों और हितचिन्तकों के साथ रखते हैं, वैसा ही व्यवहार विरोधियों के साथ उनकी बातचीत में नज़र आता है। इसका प्रमुख कारण यह है कि नितिन गडकरी यह मानते हैं कि यदि व्यक्ति गुणों का ग्राहक है तो ऐसे में व्यक्ति की गुणग्राहकता किसी भी दिशा से उसे वह स्रोत उपलब्ध करा देती है। इसके लिए यह आवश्यक होता है कि व्यक्ति स्वयं सकारात्मक बना रहे। क्योंकि सकारात्मकता ही एकमात्र ऐसा आधार है जो हमें सर्वदा गुणग्राहक बनाए रखती है। स्रोत चाहे कैसा भी हो, यह गुणग्राहकता हमें गुणों की पहचान कराती रहती है। सन्त कबीर ने कहा है 'साधु ऐसा चाहिए, जैसा सूप सुभाय, सार–सार को गहि रहै, थोथा देई उड़ाय।' अर्थात संसार में ऐसे सत्पुरुषों की आवश्यकता है, जैसे अनाज साफ करने वाला सूप होता है, जो सार्थक बचा लेता है और निरर्थक उड़ा देता है।

मानसिक नवस्फूर्ति

चित्तस्य हि प्रसादेन हन्ति कर्म शुभाशुभम।
प्रसन्नात्मात्मनि स्थित्वा सुखमव्ययमश्नुते।।

(मत्र्युपनिषद 1–6)

चित्त के शान्त होने पर शुभ और अशुभ कर्म नष्ट हो जाते हैं। चित्त के द्वारा शान्त हुआ व्यक्ति चिन्तन के माध्यम से जब आत्मा में स्थित होता है, तभी उसे असीम आनन्द की अनुभूति होती है।

विचार

आशावादी और ऊर्जावान जीवन को मैंने जीने का उत्कृष्ट मार्ग माना है। इसमें यदि कठोर परिश्रम भी जुड़ जाये तो मैं अपने साथ–साथ दूसरों के सपने पूर्ण करने में भी सक्षम हो सकूँगा।

–होमर हिक्कम

मानसिक नवस्फूर्ति

स्वस्थ एवं प्रसन्नचित्त मस्तिष्क, उचित–अनुचित के भेद को पहचानता है। जिससे व्यक्ति को मानसिक स्थिरता की प्राप्ति होती है जो उसे अनन्त सुखों की अनुभूति कराती है। व्यक्ति के मन में एक ऐसा भाव उत्पन्न होता है जिसे हम मानसिक थकान कहते हैं। प्रायः यह दो कारणों से प्रकट होता है। पहला, कार्य के प्रति ऊब जाने से और दूसरा, लक्ष्यसिद्धि के विलम्ब से। किसी कार्य में जब भारी व्यवधान उत्पन्न होते हैं, तो व्यक्ति का मन अस्वस्थ होने लगता है, और यह अस्वस्थता ही मानसिक थकान है। ऐसे में व्यक्ति या तो अपने मन को परिवर्तित कर उसे प्रसन्नता की अनुभूति कराने में या उसे पुनः सहज अवस्था प्रदान करने में सक्षम किसी अन्य कार्य में लगा देता है। जिससे नवस्फूर्ति का संचार हो एवं व्यक्ति नये उत्साह–ऊर्जा से ओत–प्रोत होकर पुनः अपनी कार्यसिद्धि की दिशा में प्रवृत्त हो। यह स्थिति यदि साधारण व्यक्ति के समक्ष उत्पन्न हो तो इस प्रक्रिया में उसका ध्यान अपनी कार्यसिद्धि के मार्ग से किंचित भटकता अवश्य है। ऐसी अवस्था में उसकी कार्यक्षमता में कमी आना या उसका प्रभावित होना स्वाभाविक है। इसके विपरीत 'असाधारण व्यक्ति' तो स्वामी विवेकानन्द की वाणी 'उत्तिष्ठत जाग्रत प्राप्य वरान्निबोधत' से प्रेरित होकर कार्यरत रहता है कि उठो, जागो और ध्येय की प्राप्ति तक रुको मत। ऐसा व्यक्ति अपने ध्येय मार्ग पर चलते हुए ही अपनी रुचि–अरुचि के पार जाकर स्वयं में नवस्फूर्ति के संचार का उपाय खोज लेता है। जब लक्ष्य सशक्त भारत निर्माण का हो तो ऐसे में मार्ग से किंचित भी भटकना या किंचित भी ध्यान भंग होना लक्ष्यसिद्धि की प्रक्रिया को प्रभावित कर सकता है। इस बात को नितिन गडकरी बेहतर जानते हैं। इसलिए कार्यसिद्धि के मार्ग के प्रत्येक पड़ाव में नवस्फूर्ति तथा नवऊर्जा का संचार करने की कला से वे अवगत हैं।

दरअसल, मनुष्य के पास मानसिक और शारीरिक दोनों स्तरों पर अकूत शक्ति का भण्डार होता है। मानसिक थकान ही व्यक्ति

की शक्तिक्षीणता का कारण बनती है। मानसिक थकान आखिर आती क्यों है? यह तब आती है जब मुख्य रूप से व्यक्ति अपनी रुचि के प्रतिकूल कोई कार्य करने को बाध्य होता है, तो उसकी प्रारम्भिक नकारात्मकता ही मानसिक थकान के मूल में होती है। जब कोई व्यक्ति अपनी रुचि एवं अपने मनोनुकुल कार्य करता है तब उसका आन्तरिक उत्साह और सकारात्मकता दोनों ही उसके लिए प्रेरणा बन जाती है। ऐसे में प्रकल्प का प्रत्येक पड़ाव आगे बढ़ने के लिए प्रेरित करता है। यदि पड़ाव सकारात्मक हो तो सफलता से बड़ी प्रेरणा नहीं है और यदि पड़ाव नकारात्मक हो किन्तु गन्तव्य रुचिकर हो तो नकारात्मक पड़ाव उस स्थिति की विवेचना कर पुनः नयी दृष्टि से संघर्ष के लिए प्रेरित करता है। यदि व्यक्ति जब यह सोचे कि क्या वह मानसिक एवं शारीरिक रूप से वाकई थककर चूर हो गया है और लक्ष्य अभी दूर है तो ऐसे में सुप्त शक्तियाँ जागृत होकर पुनः नवस्फूर्ति एवं नवचेतना जागृत कर देती है। यह अक्सर असाधारण व्यक्तियों को ही अनुभूत होता है। नितिन गडकरी जानते हैं कि लगातार श्रम व अथक परिश्रम करना मस्तिष्क एवं शरीर दोनों के लिए लम्बे समय तक सम्भव नहीं हो सकता। ऐसे में वे कार्यप्रक्रिया के दौरान तनावमुक्त होकर मानसिक नवस्फूर्ति जगाने का हुनर भी जानते हैं। इसलिए वे प्रत्येक समय पर किसी भी सम्भावित चुनौती का सामना करने या समस्या का समाधान निकालने हेतु हमेशा तत्पर, तरोताज़ा व सजग–सतर्क दिखायी पड़ते हैं।

कई बार हम देखते हैं कि कोई व्यक्ति अपने कार्य के प्रति निरन्तर ऊर्जावान बना रहता है। इस पर हमें आश्चर्य भी होता है कि चार–छह घण्टे काम करने के बाद निढाल हो जाने वालों के मुकाबले कोई–कोई व्यक्ति सतत 12 से 15 घण्टे तक भी तरोताज़ा और प्रसन्नचित्त होकर कैसे काम करता है? इस सन्दर्भ में वास्तविकता यह होती है कि जो व्यक्ति अपने जीवन के प्रारम्भिक काल से अति सक्रियता व चँचल वृत्ति से ओत–प्रोत होते हैं, किन्तु उनकी इस अति वृत्ति को उचित दिशा मिले तो उनके भीतर की असीम ऊर्जा,

सकारात्मकता और रचनात्मकता का प्रदर्शन करने लगती है। यह वैशिष्ट्य हमें नितिन गडकरी के जीवन में देखने को मिलता है। उनकी बालसुलभ क्रीड़ाओं पर दृष्टिपात करें तो पता चलता है कि नन्हें बालक में एक अतिसक्रिय ऊर्जा का स्रोत था। जो कक्षा में सहपाठी छात्रा द्वारा अंग्रेज़ी शब्द के गलत उच्चारण पर अट्टहास करता है, उसका उपहास उड़ाता है। सिनेमाघर में सन्देशपरक गीत के दृश्य के दौरान होली पर बिकने वाला भोंपू बजाकर व्यवधान उत्पन्न करने से सन्तुष्ट होता है। उदाहरण और भी कई हैं, लेकिन संक्षेप में इतना ही कि एक बालक के भीतर ऊर्जा तो है, लेकिन कभी प्रधानाध्यापक, तो कई बार माँ भानुताई जैसे संस्कारों के ट्रांसफार्मरों ने इस ऊर्जा को सही दिशा में ट्रांसफार्म करने का कार्य किया। अवचेतन मन असीमित ऊर्जा का भण्डार होता है। मन की गति को कोई नाप नहीं सकता किन्तु जब इसी मन पर उच्च संस्कारों का आवरण चढ़ जाता है तो उसकी ऊर्जा सकारात्मक होकर सुपरिणाम देने लगती है। यह ऊर्जा उसे परिपक्व दृष्टि से देखना सिखाती है एवं वही परिपक्वता उसकी क्रियाओं में भी दिखायी देने लगती है। जब बालपन में नितिन गडकरी के भीतर मौजूद ऊर्जा को समय–समय पर माँ भानुताई समान ट्रांसफार्मर मिलते रहे तो उनके भीतर मौजूद असीमित ऊर्जा को सकारात्मक दिशा मिली और वे संघ संस्कारों से ओत–प्रोत होकर स्व को छोड़ सर्व की साधना में लग गये। जहाँ सामान्यतया व्यक्तियों को चुनौतियों में समस्याएँ दिखती हैं, वहीं नितिन गडकरी स्वभावतः चुनौतियों में अवसर ढूँढ़ते हैं।

उनके भीतर की ऊर्जा को बाल्यावस्था से किशोरावस्था तक मिले संस्कारों ने जो प्रवाह दिया उससे उन्हें हर सकारात्मक कार्य करने की ऐसी प्रेरणा और लगन मिली कि वे अपने किसी कार्य को बोझ मानते ही नहीं। उनकी यही मनोवृत्ति उन्हें कभी थकने नहीं देती। उत्सुकता, जिज्ञासा और मंज़िल तक पहुँचने की ज़िद, उनके ऐसे अस्त्र हैं जो उन्हें अपराजेय बनाते हैं।

•

कार्यकुशलता

दृढ़ निर्णय क्षमता

दृढं विमृश्य कर्तृणां सदा वदनमुज्ज्वलम।
निन्दापंकावृतं चापि कार्ये साहसकारिणाम।।

(नीतिकल्पतरू 7–45)

व्यक्ति जब सुनियोजित ढंग से कार्य योजना बनाता है और तद्नुसार, उसका क्रियान्वयन करता है तो उसके चेहरे पर दृढ़ता की चमक परिलक्षित होती है। वहीं उसके निन्दकों का चेहरा मलीन दिखायी देता है।

विचार

कई लोग असाधारण अवसरों की प्रतीक्षा करते रहते हैं, किन्तु वास्तव में कोई अवसर छोटा या बड़ा नहीं होता। छोटे से छोटे अवसर का सदुपयोग करने से और अपनी बुद्धि को उसमें जुटा देने से वह छोटा अवसर भी बड़ा हो जाता है।

–विनोबा भावे

दृढ़ निर्णय क्षमता

दृढ़ और अहंकारी व्यक्ति वैसे तो किसी की नहीं सुनते। दृढ़ता हमारे मनोमस्तिष्क की ऐसी अवस्था है जिसमें संकल्प के प्रति समर्पण होता है। जबकि अहंकार, मनोमस्तिष्क की ऐसी अवस्था है जो स्व के वशीभूत रहती है। नितिन गडकरी की दृढ़ता का एक सटीक पहलू यह भी है कि वे अपने निर्णयों की पूरी जिम्मेदारी लेते हैं। चाहे सफलता मिले, असफलता मिले या फिर आंशिक सफलता। किसी भी परिस्थितियों में वे अपने निर्णय के परिणामों का दायित्व स्वीकार करने में कतई नहीं हिचकते। यही कारण है कि उनकी सोच के अनुरूप उनकी टीम में उनके सहयोग सहज रूप से कार्य करने को तैयार हो जाते हैं।

दृढ़ता और अहंकार को परिभाषित करने के लिए भक्त प्रह्लाद और उसकी बुआ यानी हिरण्यकश्यपु की बहन होलिका का उदाहरण देना समीचीन होगा। प्रह्लाद परम विष्णुभक्त था। उसकी ईश्वर में परम आस्था और समर्पण था। इसके विपरीत होलिका को इस बात का अहंकार था कि उसे आग नहीं जला सकती, क्योंकि उसे ऐसा वरदान प्राप्त है। हिरण्यकश्यपु ने भगवद्भक्त प्रह्लाद को आग में जलाकर मार डालने के लिए अपनी बहन होलिका को चुना तो वह तत्क्षण तैयार हो गयी। लकड़ियों की चिता तैयार की गयी और उस पर प्रह्लाद को गोद में लिए हुए होलिका बैठ गयी। जब चिता को आग लगायी गयी तो आग में नहीं जलने का वरदान प्राप्त होलिका जल गयी और प्रह्लाद सुरक्षित बाहर निकल आया। यह पौराणिक व्याख्यान यही बताता है कि अहंकार हमेशा दग्ध हो जाता है और दृढ़ समर्पण को आग भी भस्म नहीं कर सकती।

नितिन गडकरी किसी भी परिस्थिति में अपना धैर्य नहीं खोते। विषम से विषम अवस्था में भी वे विचलित नहीं होते। एक बार नागपुर के विदर्भ क्रिकेट स्टेडियम में मैच चल रहा था। इसी दौरान ऐसी अनहोनी हुई कि स्टेडियम के बाहरी परकोटे की दीवार धँस गयी।

इस हादसे में लगभग 13 व्यक्तियों की दुर्भाग्यपूर्ण मौत हो गयी। ऐसी तनावपूर्ण घड़ी में नितिन गडकरी ने अद्‌भुत धैर्य का परिचय देते हुए नागपुर के तत्कालीन पुलिस कमिश्नर को सुझाव दिया कि आप स्टेडियम की व्यवस्था सम्भालिए। किसी भी अवस्था में मैच बन्द नहीं होना चाहिए। मैं अस्पताल देख लूंगा। वे जानते थे कि यदि इस दुर्घटना के प्रभाव में मैच बन्द हुआ तो इसके परिणाम भीषण होंगे। स्टेडियम में जहाँ हज़ारों लोग बैठकर मैच देख रहे हैं वहाँ भिन्न–भिन्न प्रकार की अफवाहें पसर जायेंगी, और भगदड़ से स्टेडियम की स्थिति बेहद भयावह भी हो सकती है।

नितिन गडकरी की दृढ़ता अक्सर 'अडिग' स्वरूप में भी दिखायी देती है। वैसे यदि हम 'दृढ़' इस शब्द की व्याख्या करें तो यह स्पष्ट रूप से परिलक्षित होता है कि दृढ़ता व्यक्ति में तब ही आती है, जब वह अपने निर्णय को समस्त परिस्थिति एवं उसकी मर्यादाओं का भी सकल अध्ययन करने के पश्चात किसी अन्तिम निष्कर्ष पर पहुँचता है और अपने निष्कर्ष का कार्यान्वयन उसी ढंग से करवाने का प्रयास करता है, जैसा कि उसने अपने मनोमस्तिष्क में सुनिश्चित कर रखा है। कभी–कभी ऐसा भी होता है कि कुछ व्यक्ति केवल कार्यान्वयन की प्रक्रिया में प्रथम बार शामिल होते हैं। और कई बार ऐसे व्यक्ति अन्तिम समय में एकतरफा राय थोपने का प्रयास करने से भी नहीं चूकते। ऐसे में यदि उनके विचारों को महत्त्व नहीं दिया गया और उन्हें प्रकल्प से सम्बन्धित सुधारात्मक निर्णय को मानने के लिए बाध्य किया गया तो वे यह दुष्प्रचार करने से भी नहीं चूकते कि नितिन गडकरी का रवैया सख्त है। साधारण मनुष्यों में यह साहजिक स्वभाव होता है कि वे केवल परिणामों को देखकर सफलता–असफलता या उचित–अनुचित पर अपनी राय तुरन्त प्रकट कर देते हैं। जबकि होना यह चाहिए कि व्यक्ति थोड़ा धैर्य रखकर यदि निर्णय तक पहुँचने की प्रक्रिया का अध्ययन या आकलन कर ले तो क्रियान्वयन सहज सम्भव हो जाता है। यही कारण है कि जो अधिकारी पूर्व में नितिन गडकरी की सोच एवं निर्णयों को उचित नहीं मान रहे थे उन्होंने प्रकल्प सफलतापूर्वक पूर्ण होने के पश्चात उनकी दृढ़ निर्णय पद्धति को सराहा भी है।

नितिन गडकरी ने जब महाराष्ट्र में सार्वजनिक निर्माण मन्त्री के बतौर मुम्बई–पुणे एक्सप्रेस हाईवे के निर्माण का निर्णय लिया था, तब उनके निर्णय की एक ओर जहाँ सराहना हुई थी, वहीं दूसरी ओर इसे व्यर्थ की फ़िजुलखर्ची करार देते हुए 'अनावश्यक निर्णय' कहकर आलोचना भी की गयी थी। उनके इस निर्णय को अटपटा बताकर विभाग के आला अधिकारियों ने तो सर्वथा असम्भव करार दे दिया था। अधिकारियों का मत था कि यह प्रोजक्ट पूर्ण होने में ही सन्देह है। सर्वथा असम्भव कहे जाने वाले इस कार्य को नितिन गडकरी ने जब दृढ़ता से सम्पूर्णता प्रदान की तो अनुभवी आला अधिकारी भी चकित रह गये। जैसा कि पूर्व में उल्लेखित है कि वे पूर्व तैयारी और पूर्ण तैयारी में विश्वास रखते हैं। मुम्बई–पुणे एक्सप्रेस हाईवे की टेंडर प्रक्रिया में देश के अग्रणी उद्योगपति घराने ने टेंडर जमा किया था। उसके टेंडर के अनुसार, इस प्रकल्प की लागत नितिन गडकरी द्वारा अनुमानित राशि से लगभग दुगुनी थी। ऐसे में उन्होंने एक अभूतपूर्व निर्णय लिया और सार्वजनिक निर्माण विभाग के अन्तर्गत ही महाराष्ट्र स्टेट रोड डेवलपमेंट कॉरपोरेशन की स्थापना की। इस विभागीय कम्पनी के माध्यम से ही मुम्बई–पुणे एक्सप्रेस हाईवे प्रकल्प को पूर्ण करने का निर्णय लिया गया। उन्होंने पूर्ण तैयारी के साथ दृढ़ता से नवगठित विभागीय कम्पनी को मुम्बई–पुणे एक्सप्रेस हाईवे का टेंडर अवार्ड किया। उद्योग जगत को इस निर्णय पर न केवल हैरत हुई बल्कि कुछ हद तक टीका–टिप्पणी भी हुई। बावजूद इसके उनके अटूट विश्वास और कम्पनी के तन्त्रज्ञान की पूँजी ने रिकार्ड समय में असम्भव को सम्भव कर दिखाया। इसके पश्चात तो उस अग्रणी उद्योगपति घराने के प्रमुख ने अपने निवास पर नितिन गडकरी को निजी तौर पर आमन्त्रित कर उनका अभिनन्दन किया एवं बधाई भी दी।

महाराष्ट्र में लोक निर्माण मन्त्री रहने के दौरान जब नितिन गडकरी ने नागपुर में मॉरिस कॉलेज टी प्लाइंट से राहटे कॉलोनी चौक तक के उड़ानपुल का निर्माण शुरू किया तब भी उनके इस निर्णय को व्यर्थ और अनावश्यक करार दिया गया था लेकिन उनकी

दूरदर्शितापूर्ण सोच से युक्त इरादे को कोई विचलित नहीं कर पाया। आज उसकी सार्थकता सिद्ध हो गयी। कुछ ऐसा ही अन्तर्विरोध उस समय उपजा जब नागपुर में मेट्रो रेल परियोजना की नींव रखी गयी। तब भी ऐसा ही कहा जाता रहा कि नागपुर में मेट्रो रेल निरर्थक है। यह केवल शोपीस ही साबित होगी और इसकी उपादेयता ही नहीं है। मेट्रो रेल को निरर्थक बताने वालों ने भविष्य के नागपुर की कल्पना किये बिना अपना विचार तो व्यक्त कर दिया, लेकिन नितिन गडकरी आज से 10 वर्ष बाद के विस्तारित नागपुर का चित्र सामने रखकर मेट्रो रेल को साकार करने के लिए प्रयासरत रहे। आज नागपुर मेट्रो रीजन का विस्तार नागपुर की सीमा के बाहर 25 किलोमीटर तक प्रस्तावित हुआ है। यदि आनेवाले 10 वर्ष बाद के नागपुर की कल्पना करें तो उस समय मेट्रो रेल ही यात्री परिवहन का सुलभ, स्वस्त और सुरक्षित साधन होगी। यही कारण है कि उनकी भविष्यकालीन परिकल्पना व मेट्रो रेल प्रोजेक्ट को पूर्ण करने की दृढ़ता के चलते उन्होंने अन्तर्विरोध की परवाह किये बगैर रिकार्ड समय में नागपुर में मेट्रो रेल को साकार कर दिखाया।

नितिन गडकरी की दृढ़ता एवं दृढ़ निर्णय क्षमता न केवल उनके सार्वजनिक प्रकल्पों की पूर्णता में दिखायी देती है, बल्कि उसे उनके निजी जीवन में भी इसे प्रखरता के साथ देखा जा सकता है। आधुनिक होने का अर्थ, केवल पाश्चात्य संस्कृति का अनुसरण करना नहीं है, इस सोच को उन्होंने अपने बच्चों एवं अपने परिवार की भावी पीढ़ी के लालन–पालन एवं शैक्षणिक विकास के लिए अमल में लाया। भारतीय संस्कारों से ओत–प्रोत शैक्षणिक संस्थाओं में ही न केवल उनके बाद की पीढ़ी का शिक्षण हुआ, बल्कि उनके बाद वाली यानी तीसरी पीढ़ी में भी यही सोच दृढ़ता से लागू की गयी। उनका यह स्पष्ट मत है कि राजनीति में 'पैराशूट लैंडिंग' से नेता नहीं आने चाहिए। इसलिए उन्होंने अपनी भावी पीढ़ी को राजनीति से भी दूर रखा। आम बोलचाल में यह कहावत अक्सर कही–सुनी जाती है कि घुटना हमेशा पेट की तरफ ही झुकता है। ऐसा उस सन्दर्भ में

कहा जाता है जब पद और अधिकारप्राप्त व्यक्ति अपने अधिकारों का इस्तेमाल कर स्वजनों के हित में कोई निर्णय लेता है।... लेकिन नितिन गडकरी की बात करें तो वे इसके अपवाद हैं। इस कहावत से उनका आचरण मेल ही नहीं खाता। विशेषकर उस समय जब बात सार्वजनिक हित की हो। ऐसे समय वे स्वजनों के हितों को कदापि महत्त्व नहीं देते। ऐसे कई अवसर आये हैं जब उन्होंने ऐसी घड़ी में सार्वजनिक हितों को देते हुए दृढ़ निर्णय क्षमता का परिचय दिया है। एक समय की बात है जब वे महाराष्ट्र के लोक निर्माण मन्त्री थे। नागपुर जिले की रामटेक तहसील से गुजरी एक सड़क का चौडाईकरण होना था। रामटेक में उनकी ससुराल भी है। इस चौड़ाईकरण के कारण कुछ मकानों को ढहाना अनिवार्य हो गया था। जो मकान ढहाने थे उनमें संयोग से उनके ससुर का पुश्तैनी मकान भी शामिल था। जब अधिकारियों को इसकी जानकारी हुई तो उन्होंने इसकी सूचना नितिन जी को दी। अब वे क्या निर्णय लेते है, इस पर सभी की निगाहें टिकी हुई थी। अधिकारियों ने अनुमान लगाया था कि शायद इस मकान को बचाने के लिए वे कुछ नयी व्यवस्था देंगे। लेकिन एक मिनट भी विचार नहीं करते हुए उन्होंने अधिकारियों को आदेश दे दिया कि चूने की मार्किंग करो और जितना हिस्सा रोड़ में आ रहा है, उसे तोड़ दो। अधिकारी भी सार्वजनिक हित में उनकी इस दृढ़ निर्णय क्षमता और न्यायप्रियता को देख चकित रह गये। अगले ही दिन उनके ससुर के पुश्तैनी मकान का कुछ हिस्सा बुलडोजर से तोड़ दिया गया था।

इन नियमों एवं जीवनमूल्यों के अनुसार, जीवन जीना निश्चित रूप से उनकी दृढ़ मानसिकता का परिचायक है। नितिन गडकरी का यह वैशिष्ट्य है कि वे आज का काम कल पर नहीं छोड़ते। उनका मानना है कि जो भी करना है, आज और अभी ही करने में सार्थकता है। सन्त कबीर का चिन्तन भी इसे सार्थक रूप से प्रस्तुत करता है।

कल करे सो आज कर, आज करे सो अब।
पल में परलय होयेगी, बहुरि करेगा कब।

संघर्ष, उद्यम और कठोर परिश्रम

दुर्लभान्यिपि कार्याणि सिध्यन्ति प्रोद्यमेन हि।
शिलापि तनुतां याति प्रपातेनाम्भसो मुहुः।।

(बुद्धचरित 26–64)

व्यक्ति अपने सतत संघर्ष में होने वाले कठोर परिश्रम को केवल अपने उत्साह के बलबूते ही सहजता से करने में सफल होता है। पानी के बार–बार गिरने से पत्थर भी घुलकर छोटा होने लगता है।

विचार

आप विफलता से डरे बिना कोई भी कार्य पूर्ण निष्ठा से प्रसन्न होकर करते हैं तो सफलता अवश्यंभावी है।

–आचार्य चाणक्य

संघर्ष, उद्यम और कठोर परिश्रम

संसार में संसाधनों और तकनीकी ज्ञान का विकल्प तो मौजूद है, किन्तु परिश्रम का पर्याय केवल परिश्रम ही है। उद्यमिता की गुणवत्ता के आधार पर व्यक्ति लक्ष्यसिद्धि के दुर्गम मार्ग को सरल बना लेता है। ठीक वैसे ही, जैसे पानी की धारा कोमल होने के बावजूद जब सतत किसी चट्टान पर पड़ती है तो कठोर चट्टान पर भी कोमल धार के निशान बन ही जाते हैं। वर्ष 1976 में 19 वर्ष की उम्र में अखिल भारतीय विद्यार्थी परिषद से जुड़ाव और वर्ष 2014 में 59 वर्ष की उम्र में भारत सरकार में केन्द्रीय मन्त्री बनने तक नितिन गडकरी का इन चालीस वर्षों का सफर बेहद संघर्षमय एवं कठोर परिश्रम में बीता। उन्होंने अपने सफर को पल–प्रतिपल बड़ी शिद्दत से जीया है। इस सफर में कहीं कोई चमत्कार या कोई दैवी कृपा, जैसी किसी अनुकम्पा का कहीं भी स्थान नहीं था। प्रथम पायदान से ही उन्होंने प्रत्येक सीढ़ी चढ़ने के लिए कठोर संघर्ष व परिश्रम किया। वैसे देखा जाये तो संघर्ष एवं परिश्रम प्रत्येक व्यक्ति के जीवन का हिस्सा है। हमारे व्यापक समाज में एक ऐसा तबका जिसका जीवन बौद्धिक श्रमाधार है वहीं श्रम के आधार पर आजीविका चलाने वाला एक बहुत बड़ा तबका भी मौजूद है। वैसे तो भारतीय व्यवस्था में परिश्रम प्रत्येक स्तर पर निहित है। व्यक्ति अपने परिवार सवंर्धन के लिए करता ही है, किन्तु जब बात सर्व की हो और सर्वसमावेशक समृद्धि के लिए सत्ता के गलियारे से ही मार्ग प्रशस्त होता हो और वहाँ तक पहुँचने की कहीं कोई सम्भावना नज़र नहीं आती हो तो ऐसे में शुरुआत तो पगडण्डी बनाने से ही करनी होगी, और यही नितिन गडकरी ने किया। वे व्यवस्था परिवर्तन के लिए संकल्पित थे और उसके लिए अपने राजनीतिक दल को न केवल स्थापित करना बल्कि सत्ता के प्रति उसके स्थापित मापदण्डों एवं तात्विक चिन्तन को जन–जन तक पहुँचाना, निश्चित रूप से बेहद संघर्षपूर्ण था। उन्होंने ने इस संघर्ष में पल–प्रतिपल, प्रतिदिन,

तिल–तिल करके इसी प्रेरणा के साथ स्वयं को समर्पित किया जैसे सन्त तुकाराम अपने अभंग में कहते हैं– 'केल्याने होत आहे रे, आधी केलेच पाहिजे' अर्थात कर्म से ही परिणाम सुनिश्चित होते हैं, लेकिन सन्त तुकाराम यहाँ स्पष्ट रूप से कहते हैं कि पहले कर्म करना आवश्यक है। तत्पश्चात ही मार्ग प्रशस्त होते हैं। इसी सूत्र को नितिन गडकरी ने अपने अन्तःकरण में स्थापित कर लिया था। ऐसा नहीं कि उन्होंने केवल राजनीति में भाजपा का वर्चस्व बढ़ाने के लिए परिश्रम किया अपितु वृहद समाज के लिए परिवर्तनकारी सामाजिक उद्यमों में भी उन्होंने अपना सर्वस्व दाँव पर लगा दिया। आज हम केवल कल्पना कर सकते हैं कि जिनके घर की परिस्थितियाँ भी संसाधनों के अभावों से जूझती थी, ऐसे में उन्होंने लक्ष्य की प्राप्ति के लिए प्रयोगधर्मिता को भी नहीं छोड़ा। साथ ही राजनैतिक अस्तित्व के लिए संघर्ष भी किया। यानी लगभग कई मोर्चों पर नितिन गडकरी ने एक साथ संघर्ष किया। जिसकी सुखद परिणति हमें गत चार दशकों के पश्चात देखने को मिलती है।

इन सतत चार दशकों के संघर्ष एवं कठोर परिश्रम के दौर में नितिन गडकरी के उत्साह में कहीं कोई कमी या अभाव नहीं देखा गया। वे जिस भी स्तर पर जब भी रहे सकारात्मकता और उत्साह से भरे हुए ही दिखायी दिये। यह एक ऐसी अवस्था है जो व्यक्ति को संघर्षों और चुनौतियों को सहजता से स्वीकार करने की मानसिकता में ला देती है। जहाँ संघर्ष और चुनौतियाँ मानो दिनचर्या ही हो जाती है। ऐसी भूमिका व्यक्ति में उत्साह, अदम्य साहस एवं अपरिमित क्षमता प्रदान करती है। 13वीं शताब्दी के फारसी कवि मुहम्मद जलालुद्दीन रुमी ने कहा है– 'यदि आप एक रगड़ से परेशान होने लगे तो आपकी पालिश कैसे हो पायेगी।' सतत संघर्ष एवं कठोर परिश्रम ही जीवन को सफलता के मार्ग पर ले जाता है।

उत्साह अनिर्वेदः अनिर्वेदो सतत सर्वार्थेषु प्रवर्तकः।
करोती सकल जन्तोः कर्म यच्च् करोति सः।।

(रामायण 5–12–11)

यानी उत्साह निश्चित ही एक ऐसा घटक है जो विभिन्न प्रकार की चुनौतियों का सामना करने की प्रेरणा व्यक्ति को देता है। और जिसका योगदान समस्त चुनौतियों के पार हो जाने का मूल कारण बनता है। नितिन गडकरी का जीवन संघर्षों एवं चुनौतियों से भरा हुआ रहा है। पग–पग पर विरोध–गतिरोध–अवरोधों का हर पल सामना करना तो जैसे उनका दैनंदिन जीवनक्रम हो चला था। उनमें अदम्य कार्यक्षमता और गतिमान कार्यशैली होने के बावजूद उनके कार्यान्वयन में कई प्रकार के अवरोध आते रहे हैं। यह सर्वविदित है कि सत्ता में रहते हुए भी कई मन्त्रियों को अफसरशाही के कारण प्रकल्पों को गति देने में कई बार मुश्किलों का सामना करना पड़ता है। फिर नितिन गडकरी तो उस दौर में विपक्षी नेता की भूमिका में थे। वह भी ऐसे दल में रहकर वे प्रयासरत थे, जिसकी उस दौर में सत्ता में आने की दूर–दूर तक कोई सम्भावना नज़र नहीं आ रही थी। ऐसा व्यक्ति अपनी आन्तरिक ऊर्जा की उपादेयता को कहाँ तलाश करे, यह यक्ष प्रश्न भी उनके समक्ष सतत विद्यमान रहता था। ऐसे में भी उन्होंने अपने सशक्त भारत निर्माण के सपनों की उड़ान को पंख लगाने का निरन्तर प्रयास जारी रखा। इसके पीछे उनका 'उत्साह अनिर्वेद' यानी सम और विषम दोनों ही परिस्थितियों में कभी भी निरुत्साहित नहीं होने का गुण ही उन्हें परिस्थितियों से सहज जूझने की लगातार प्रेरणा देता रहा। जिसकी वजह से आज भी उन्हें कभी मानसिक नैराश्य या थकान की अनुभूति नहीं होती। अपूर्ण सफलता एवं असफलताओं का दुष्प्रभाव, उन पर कभी नहीं होता। यह उनके उर्ध्वगामी होने का परिचायक है।

सटीक कार्यान्वयन

कालाकालौ संप्रधार्य बलाबलमथात्मनः।
परस्परं बलं ज्ञात्वा तत्रात्मानं नियोजयेत।।

(महाभारत शान्तिपर्व 140–29)

व्यक्ति जिस संकल्पित योजना की पूर्णता की अवधि निर्धारित करता है, यदि उस समयावधि में योजना पूर्णता को प्राप्त नहीं होती तो सार्थकता खो देती है। व्यक्ति को योग्य समय, अपना बल एवं दूसरों का बल जानकर काम में स्वयं को नियोजित करना चाहिए।

विचार

वह योजना तब तक महत्त्वहीन है, जब तक कि उसका क्रियान्वयन सही ढंग से नहीं कर लिया जाता।

–स्कॉट बेल्स्की

सटीक कार्यान्वयन

कहा जाता है कि संकल्पित योजना ही सफलता का सूत्र है, लेकिन यह भी उतना ही सच है कि यदि संकल्पित योजना का निश्चित मानकों में अमल नहीं हुआ तो संकल्पित योजना विफल हो जाती है। व्यक्ति को अपने संकल्प का क्रियान्वयन अन्य दिन पर छोड़ देने की बजाय, उसी दिन करने को उद्यत होना चाहिए, जो दिन को उसके लिए नियत किया गया है। प्रारम्भ से ही नितिन गडकरी की सोच समग्र एवं व्यापक रही है। वे किसी भी सोच, विचार, समस्या या चुनौती को उसके मूल में जाकर देखने और समाधान खोजने की दृष्टि रखते हैं। वे किसी भी परिस्थिति में कोण–विशेष से विषय–वस्तु का आँकलन नहीं करते। बल्कि उसे समग्र रूप से देखते हैं। इसलिए जब भी विचार साकार रूप लेता है या समाधान निकलता है तो वह व्यापक दृष्टिकोण लिए हुए ही होता है। यह उनके प्रबन्धन कौशल की सबसे बड़ी विशेषता है। चाहे वे महाराष्ट्र सरकार के सार्वजनिक निर्माण मन्त्री रहे हों अथवा भारत सरकार के सड़क परिवहन, लघु, मध्यम एवं सूक्ष्म उद्यमिता या फिर जहाज़रानी एवं गंगा संरक्षण मन्त्री रहे हों, वे किसी भी परियोजना का कार्यादेश जारी करने से पहले यह सुनिश्चित करते हैं कि प्रकल्प का कार्य शुरू होने के बाद उसके कार्यान्वयन में बाधाएँ या रुकावटें नहीं आनी चाहिए। क्योंकि वे जानते हैं कि यदि प्रकल्प निश्चित समयावधि में पूर्णता को प्राप्त नहीं होगा तो न केवल उसका लागत मूल्य कई गुना बढ़ जायेगा, बल्कि उसकी उपादेयता पर भी प्रश्नचिन्ह उपस्थित होने की सम्भावना बनी रहती है।

नितिन गडकरी किसी भी प्रकल्प की योजना बनाते समय समग्र रूप से उसके प्रथम चरण से लेकर क्रियान्वयन, कार्यान्वयन तक उसका सूक्ष्म परीक्षण कर अत्यन्त गहराई से अध्ययन करते हुए उसका चरणबद्ध 'रोडमैप' तैयार करते हैं। इसके बावजूद वे कहते हैं कि योजना बना लेना ही सफलता की गारण्टी नहीं होती,

किन्तु सटीक योजना बनाने से असफलता के कारणों की खोज में सहज रूप से मदद होती है, और यह मदद प्रत्यक्ष या परोक्ष चुनौतियों से जूझने या निपटने का सुझाव देती है। जो प्रकल्प हाथ में लिया है, उसे शुरू करना तो हम जानते हैं, लेकिन इस प्रकल्प के शुरू होने के बाद इसकी राह में आनेवाली बाधाओं से निपटने की तैयारी करना भी उनके सुप्रबन्धन का हिस्सा है। इसके अलावा किसी भी प्रकल्प का 'वर्कऑर्डर' देने से पहले उन्होंने कुछ मानक तय किये हैं। जैसे एक निश्चित प्रतिशत से ज्यादा भूमि अधिग्रहण सुनिश्चित हो जाना चाहिए, प्रकल्प पर काम करने के सन्दर्भ में जो अनापत्तियाँ विभिन्न विभागों से प्राप्त करनी होती है, वह भी मिल जानी चाहिए। इसके अतिरिक्त निधि की सुनिश्चितता बननी चाहिए, ताकि धनाभाव उत्पन्न नहीं हो। इन मानकों की पूर्ति के पश्चात ही वर्कआर्डर जारी होता है। इसलिए प्रकल्प का कार्यान्वयन उत्कृष्ट होता है और उसकी उद्देश्यपूर्ति भी सार्थक हो जाती है।

वैसे कार्यान्वयन का सटीक होना विशेषकर दो बातों पर निर्भर करता है। प्रकल्प अथवा योजना, उसका उद्देश्य, क्रियान्वयन, पूर्णता की प्रक्रिया इन सभी विषयों के सन्दर्भ में नेतृत्व की यह जिम्मेदारी होती है कि वह अपनी टीम को सटीक एवं सुचारू ढग से सूचनाएँ सम्प्रेषित करें। केवल सूचनाओं के सम्प्रेषण तक ही यह ज़िम्मेदारी समाप्त नहीं होती बल्कि यह भी सुनिश्चित करना होता है कि दी गयी सूचनाएँ उनकी मूल भावनाओं एवं विषय–वस्तु को पूरी तरह सम्प्रेषित करने में सफल हुई है या नहीं। जैसी कि नेतृत्व की अवधारणा है। इस प्रकार का सम्प्रेषण ही प्रभावी सम्प्रेषण कहलाता है। प्रभावी सम्प्रेषण प्रकल्प की सफलता का बहुत बड़ा न केवल आधार होता है, बल्कि वह टीम के प्रत्येक सदस्य को भावनात्मक रूप से प्रकल्प की सफलता एवं उद्देश्यपूर्ति से प्राप्त होने वाले सुपरिणामों से जोड़ देता है। यह भावना टीम के प्रत्येक सदस्य में प्रकल्प के प्रति आत्मिक रूप से ज़िम्मेदार होना सुनिश्चित करती है। इस अनिवार्य प्रक्रिया का परिणाम यह होता है कि किसी भी प्रकल्प की

जैसी योजना नेतृत्व के मनोमस्तिष्क में होती है, वैसी ही अवधारणा टीम के प्रत्येक सदस्यों की बन जाती है। इस तरह प्रकल्प के सटीक कार्यान्वयन की सुनिश्चितता तय हो जाती है, और इस कला में नितिन गडकरी पारंगत हैं।

समयानुशासन : कालाकालौ संप्रधार्य बलाबलमथात्मनः।
परस्परं बलं ज्ञात्वा तत्रात्मानं नियोजयेम।।

(महाभारत शान्तिपर्व 140–29)

अर्थात व्यक्ति जिस संकल्पित योजना की पूर्णता की अवधि निर्धारित करता है, यदि उस समयावधि में योजना पूर्णता को प्राप्त नहीं होती तो सार्थकता खो देती है। ठीक वैसे ही, जैसे अंग्रेजी में कहावत है– 'जस्टिस डिलेड इज जस्टिस डिनाइड।' अर्थात न्याय में विलम्ब एक तरह से अन्याय ही माना जायेगा। महाभारत शान्तिपर्व अध्याय में महर्षि वेदव्यास कहते हैं कि व्यक्ति को किसी भी प्रकल्प के संयोजन–नियोजन के क्रियान्वयन को तय करने के लिए समय, शक्ति, दुर्बलता एवं स्थिति–परिस्थिति का द्विपक्षीय यानी प्रकल्प को करवाने वाला तथा करने वाला दोनों का प्राथमिकता के साथ समुचित रूप से अध्ययन करना चाहिए।

नितिन गडकरी इस सिद्धान्त के पक्षधर हैं कि किसी भी योजना की उद्देश्यपूर्ति में सटीक कार्यान्वयन का महत्त्व समयानुशासन के पालन से जुड़ा होता है। वे कहते हैं कि समय पर जो काम अपनी पूर्णता तक नहीं पहुँचता तो वह महत्त्वहीन हो जाता है। ठीक वैसे ही, जैसे यह कहावत है कि 'का वर्षा जब कृषि सुखाने, समय चूकी पुनि का पछताने' अर्थात यदि फसल को जिस वक्त पानी की ज़रूरत होती है, उस समय यदि पानी नहीं मिला तो फसल सूख जाने के बाद वर्षा होने का कोई अर्थ नहीं रह जाता। यानी समय चूकने के बाद केवल पछतावा ही हाथ लगता है।

अदम्य साहस

यत्रादभुते कर्मणि साहसैकचिन्ताप्रवृत्ताः पुरुषा भवन्ति।
पुराविदो निर्भरतैकमूलं तत्रानुकूलं शकुनं स्मरन्ति।।

अद्‌भुत कार्यों में पूर्ण निष्ठा से संलग्न व्यक्ति की आत्मनिर्भरता ही कार्यसिद्धि का कारक है। ऐसा प्राचीन ज्ञानी मानते हैं।

विचार

सिंह से यही उत्कृष्ट शिक्षा प्राप्त की जा सकती है कि किसी भी कार्य को पूरी श्रद्धा और परिश्रम से करना चाहिए।

–आचार्य चाणक्य

अदम्य साहस

प्रयास की निरन्तरता के मूल में हमारा नहीं थकने वाला साहस निहित होता है। जो भी व्यक्ति अग्नि प्रज्वलन करने के लिए जंगल में दो सूखी शाखाओं का घर्षण सतत जारी रखते हैं, वे कभी भी निराश नहीं होते। ऐसे व्यक्तियों के प्रयास ही उनके लिए अग्नि का प्रज्वलन करते हैं, और यही निरन्तरता किसी भी सफलता के लिए अत्यन्त आवश्यक होती है। कई वरिष्ठ राजनेता यह कहते हैं कि नितिन गडकरी राष्ट्रनेता हैं, पार्टीविशेष के नेता नहीं। इसलिए उनके शब्दों में निष्ठा और व्यवहार में साहसिक कार्य करने का आत्मविश्वास झलकता है। यह होता है अपने लक्ष्य के प्रति शत–प्रतिशत समर्पित होने का परिणाम। ऐसे में व्यक्ति सभी भेदों के पार जाकर एक ऐसे स्तर की कक्षा में स्थापित हो जाता है जहाँ उसकी दृष्टि सर्वसमावेशक हो जाती है, और व्यक्ति एक संस्था या यूँ कहें चलता–फिरता विद्यापीठ हो जाता है। नितिन गडकरी के लिए कश्मीर से कन्याकुमारी तक और देश के पश्चिमी छोर गुजरात से पूर्वोत्तर राज्यों तक सभी पक्षों के राजनेता व कार्यकर्ता स्पष्ट रूप से कहते हैं कि वे वास्तव में समदर्शी नेता हैं। देश के सर्वसाधारण व्यक्ति के हितों का विचार करने वाले और उसके जीवन में अपने कार्यों से सकारात्मकता लाने वाले, सर्वसामान्य के साथ कोई भी भेदभाव नहीं रखकर व्यवहार करने वाले नेता इस देश में गिनती के ही हैं। नितिन गडकरी इसका सबसे जीवन्त उदाहरण हैं। उनके समक्ष आनेवाला व्यक्ति किस जाति का है, या किस धर्म का है या किस आर्थिक वर्ग का है, किस राजनीतिक पार्टी से आता है, इसके प्रति नितिन गडकरी ने कभी कोई पूर्वाग्रह नहीं रखा। यहाँ तक कि आगंतुक उनका समर्थक है या कभी विरोधक भी रहा हो, यह सब बातें उनके लिए बेमानी हैं। यदि उनके समक्ष कुछ मायने रखता है तो वह यह है कि वह किस काम के लिए आया है और उसके काम के पीछे उसका उद्देश्य क्या है। ऐसी मानसिकता और समग्र दृष्टि के साथ इस स्तर का व्यापक

दृष्टिकोण किसी भी व्यक्ति में तभी आ सकता है, जब वह अपने लक्ष्य के प्रति शत प्रतिशत समर्पित हो, और उसका लक्ष्य व्यक्तिपरक न होकर राष्ट्रपरक हो, यानी सशक्त भारत निर्माण। इसी अवधारणा से नितिन गडकरी का प्रबन्धन कौशल उन्हें प्रभावी एवं रचनात्मक बनाता है। ऐसे व्यक्तित्व के मनोमस्तिष्क को समझने का जब हम प्रयास करते हैं तो पाते हैं कि मानव मन की प्रकट एवं सुप्त अवस्थाओं का आँकलन करना ज़रूरी है।

अब्राहम मेस्लो वैश्विक स्तर के मनोवैज्ञानिक माने जाते हैं, जिन्होंने प्रकट एवं सुप्त मानवीय अभिलाषाओं के सन्दर्भ में कई मूलभूत सिद्धान्तों को परिभाषित किया। उनके मतानुसार, ऐसे व्यक्ति आत्मसन्तुष्टि एवं आत्म वास्तविकीकरण (सेल्फ एक्च्युअलाइजेशन), इन दो मानवीय अभिलाषाओं की पूर्तता के लिए सतत बाह्य एवं आन्तरिक प्रयास करता रहता है। मेस्लो ने विश्व के कई प्रतिष्ठित एवं यशस्वी व्यक्तियों का अध्ययन किया, और यह परिभाषित किया कि आत्म साक्षात्कार की पूर्ति के लिए व्यक्ति अपनी बाह्य एवं आन्तरिक क्षमताओं के अधिकतम प्रयोजन हेतु सतत प्रयासरत रहता है। मेस्लो कहते हैं कि ऐसे व्यक्ति जो लोक कल्याण एवं विकास को अपना उद्देश्य बनाते हैं वे निर्विवाद रूप से आत्मसाक्षात्कार को पाने की दिशा में अग्रसर होते हैं। ऐसे सभी व्यक्तियों के व्यक्तित्व में कुछ विशेष गुण प्रमुखता से परिलक्षित होते हैं। मेस्लो ने व्यक्ति के आचरण को चार प्रकार के समूहों में विभाजित किया। जिसमें प्रथम जागरूकता, जिसमें व्यक्ति जीवन के प्रति सदैव एक जिज्ञासु दृष्टि रखते हुए जीवन में आने वाले घटनाक्रमों में आनन्द एवं प्रसन्नता की खोज करते हुए स्व को विसर्जित कर अलौकिक आनन्द को प्राप्त होता है। द्वितीय है यथार्थता व चुनौतीप्रवणता जिसमें हर समय वह एक ओर जहाँ यथार्थ से जुड़ा होता है तो दूसरी ओर आने वाली चुनौतियों के प्रति भी सजग रहते हुए जूझने का माद्दा रखता है। तृतीय है स्वीकार्यता व स्वयंस्फूर्तता यानि स्वप्रेरणा से जिम्मेदारियों का सहजता से स्वीकार करते हुए अनवरत कार्यरत रहना और स्वयं

को आडम्बर से दूर रखते हुए यथार्थ भाव में पारदर्शितापूर्वक आचरण करना और चतुर्थ गुण सार्वजनिक जीवन में दूसरों की भावनाओं को आहत नहीं करने वाली प्रवृत्ति के साथ सभी की आस्था और सिद्धान्तों का आदर करते हुए लोकतान्त्रिक मूल्यों का संवर्धन करना। नितिन गडकरी के व्यक्तित्व का सूक्ष्म आकलन करे तो हम यह पाते हैं कि उनमें तीव्रता, तेजस्विता, तीक्ष्णता, तीखापन, तितिक्षा और तटस्थता तो है ही, किन्तु सर्वाधिक उल्लेखनीय यह है कि एक ओर जहाँ उनके कल्पनालोक में सृष्टि है तो दूसरी ओर यथार्थ परक दृष्टि भी है।

इस सन्दर्भ में मेस्लो ने कई विभूतियों के गुण वैशिष्ट्यों का आकलन किया, और अपने शोधग्रन्थ 'मोटिवेशन एंड पर्सनालिटी' में जिन गुणों का वर्णन किया है, उनमें से अधिकांश गुण नितिन गडकरी में परिलक्षित होते हैं। वे कहते हैं सार्वजनिक जीवन में ऊँचाइयों पर पहुँचने वाले ऐसे व्यक्ति सहज रूप से आत्मसाक्षात्कार की दिशा में प्रवृत्त होते है। इनकी जिज्ञासाएँ इन्हें कई बार जटिल विषयों पर कार्य करने के लिए सम्प्रेरित करती हैं। ऐसे व्यक्तियों का सदैव यह प्रयास रहता है कि जटिलता के पार जाकर नये सूत्रों को प्रतिपादित करें। ऐसे में प्रयोगधर्मिता इनका सहज स्वभाव बन जाता है और इसके लिए वे कोई भी खतरा उठाने को तैयार रहते हैं। यह वैशिष्ट्य नितिन गडकरी के कार्य व्यवहार में दिखायी पड़ता है। मेस्लो आगे यह भी कहते हैं कि ऐसे व्यक्ति स्वयं की गलतियों को स्वीकार करने में भी, कतई संकोच नहीं करते। वे बिना किसी लाग–लपेट या आडम्बर के अपनी कमजोरियों को भी प्रामाणिकता के साथ स्वीकार करते हैं। उनकी प्राथमिकता क्या है, इसका निर्णय लेने में वे कतई समय नहीं लगाते। निर्णय लेने के पश्चात फिर उस निर्णय के प्रति अत्यन्त कर्तव्यनिष्ठा एवं लगन से कार्य करना उनका सहज स्वभाव बन जाता है। वे जिस उत्साह और उमंग के साथ कार्य शुरू करते हैं, उसी उत्साह और उमंग से मार्ग में आने वाली बाधाओं, व्यवधानों का पूर्ण प्रफुल्लित रहकर निराकरण भी करते हैं। ऐसे व्यक्ति स्थापित

परम्परा के अनुगामियों की आस्था को व्यथित किये बिना, स्थापित परम्पराओं के परे जाकर कार्य करने से भी गुरेज नहीं करते। जैसा कि हम नितिन गडकरी की कार्यशैली में देखते है कि वे भी केवल प्राथमिक आवश्यकताओं की खानापूर्ति करने की बजाय समस्याओं के स्थायी निराकरण में विश्वास रखते हैं। क्योंकि यही वास्तविक विकास एवं समृद्धि का शाश्वत मार्ग है। उनके जीवन का उद्देश्य, स्व की अपेक्षा सर्वहितकारी प्रकल्पों के माध्यम से समाजहितों में समाहित रहता है। वे ऐसे प्रकल्पों को चुनते हैं जिसमें वे स्व के पार जाकर लोककल्याण की भावनाओं को प्राथमिता दे सकें। नितिन गडकरी अपनी सामाजिक उद्यमिता के माध्यम से ऐसे कई प्रकल्पों पर कार्य करते रहते हैं जिसके माध्यम से वृहद समाज का हित साध्य हो सके। इसमें सौर ऊर्जा, वैकल्पिक वाहन ईंधन, बायोगैस, बाँस प्रकल्प, भू–सुरक्षा हेतु आर्गेनिक बायोफर्टिलाइजर, भू–जल स्तर को बनाये रखने के लिए लघु बँधारों की निर्मिती आदि प्रकल्प उनकी सर्वसमावेशक विकास की भावना को प्रकट करते हैं।

मेस्लो अपने इसी शोधग्रन्थ में उल्लेख करते हैं कि ऐसे व्यक्ति संकीर्ण विचारधारा से परे उदार मनोवृत्ति के होते हैं। उनका यही औदार्य उन्हें प्रयोगधर्मिता के अन्तर्गत आनेवाली कड़ी से कड़ी चुनौतियों एवं कठिन समय में भी संयम बनाये रखने की प्रेरणा देता है। यही कारण है कि सतत चिन्तन उनका स्वभाव होता है, किन्तु वे चिन्ता या तनाव से ग्रस्त नहीं होते। यह विशेषता भी नितिन गडकरी में परिलक्षित होती है। मेस्लो कहते हैं कि इन व्यक्तियों का एक वैशिष्ट्य और भी होता है कि ये नयी सोच और नये तन्त्र के प्रति सदैव जिज्ञासु रहते हैं और उस पर प्रयोग करने में भी पीछे नहीं हटते। साथ ही वे विद्वानों, वैज्ञानिकों और मनीषियों की प्रशंसा करने से भी नहीं चूकते। वैसे तो ऐसे व्यक्तियों की निजी जीवन में अन्तरंगता अत्यन्त कम व्यक्तियों से ही हो पाती है पर इसके ठीक विपरीत वे समस्त मानव जाति के साथ सामंजस्य एवं तालमेल बनाये रखते हैं। वे सभी के प्रति अपना करुणामय प्रेम और मैत्रीभाव कायम रखते हैं।

इन्हीं गुणों को देखें तो नितिन गडकरी धर्म, वर्ग, जाति, पन्थ, सम्प्रदाय का भेद न करते हुए सभी स्तरों पर लोकप्रियता और आत्मीयता हासिल करने में सफल रहते हैं।

मेस्लो कहते हैं कि ऐसे व्यक्ति आत्मसाक्षात्कार के शोधार्थी होते हैं। इनका प्रमुख वैशिष्ट्य यह होता है कि वे भावनापूर्ण सम्बन्धों के आधार पर अपनी सृष्टि की रचना करते हैं। यही कारण है कि इन व्यक्तियों के सार्वजनिक सम्बन्धों का आधार भावना प्रधान होता है। ये किसी भी मामले में चाहे वह व्यक्तिगत हो या सामाजिक, अथवा उनके कार्योद्देश्य से जुड़े विषय में कभी भी अन्धानुकरण नहीं करते। वे व्यवहारिक अवश्य होते हैं, लेकिन उनके स्थापित जीवनमूल्यों और सिद्धान्तों के साथ वे बहुत अधिक समझौता भी नहीं करते। वैसे देखा जाये तो ऐसे व्यक्ति स्वसमर्थक होते हैं। 'मैं सर्वगुण सम्पन्न नहीं हूँ', इस बात को वे हमेशा स्वीकार करते हुए अपनी त्रुटि और मर्यादा का भी पूरा ध्यान रखते हैं। यही कारण है कि ऐसे व्यक्ति अपनी गलतियाँ स्वीकार करने से भी गुरेज नहीं करते। यह बात भी जगजाहिर है कि स्वयं की मर्यादाओं, त्रुटियों को स्वीकार करना अदम्य साहस ही कहा जा सकता है, और नितिन गडकरी में यह अदम्य साहस देखने को मिलता है। गुरुदेव रविन्द्रनाथ टैगोर ने कहा है– 'सिर्फ खड़े होकर पानी को देखने से आप नदी पार नहीं कर सकते। इसलिए आपको नदी में उतरकर पार करने का हौसला दिखाना ही होगा।

गुणवत्ता

बेबाक वक्ता-उत्कृष्ट श्रोता

शतेषु जायते शूरः सहस्रेषु च पण्डितः।
वक्ता शतसहस्रेषु दाता जायते वा न वा।।

(स्कंदपुराण म.कौ. 2–70)

सौ लोगों में एक ही शूर रहता है। एक सहस्त्र लोगों में केवल एक ही विद्वान मिलता है, उत्तम वक्ता तो दस हज़ार में एक ही होता है, किन्तु दानवीर का मिलना सर्वथा दुर्लभ होता है।

विचार

झूठ, प्यार के रिश्तों को नष्ट कर देता है। झूठ बोलकर वाहवाही लूटने की अपेक्षा, सत्य कटु क्यों न हो, उसे छुपाए बिना वास्तविकता बयान करें। तभी रिश्तों में प्रामाणिकता बनी रहेगी।

—माइकल बेसी जॉनसन

बेबाक वक्ता-उत्कृष्ट श्रोता

वही व्यक्ति प्रभावी वक्ता होता है जिसमें धैर्यवान श्रोता के गुण विद्यमान होते हैं। नितिन गडकरी में यह सभी गुण एक साथ परिलक्षित होते हैं जो उन्हें अनुपम बना देते हैं। हम यदि उनमें शूरता की बात करें तो उनका संघर्षशील जीवन, अपने आप में उनकी साहसिक प्रतिभा को स्थापित करता है। जहाँ तक विद्वत्ता का प्रश्न है तो वे प्रत्येक विषयवस्तु की गहराई तक जाने के लिए सदैव तत्पर रहते हैं, और यथासम्भव ज्ञानार्जन का प्रयास करते रहते हैं। साथ ही विविध विषयवस्तुओं के पारंगत विद्वानों के पास जाने में भी कोई संकोच नहीं करते। इसके पीछे उनका यही उद्देश्य निहित होता है कि उनके ज्ञानकोष में वृद्धि होती रहनी चाहिए। वे अपने आप में उत्कृष्ट दर्ज़े के पेशेवर वक्ता नहीं होने के बावजूद अपने बेबाक, हृदयस्पर्शी, मर्मभेदी, प्रामाणिक, तार्किक एवं संचार की सरलतम भाषा से युक्त संवाद जब सार्वजनिक रूप से प्रकट करते हैं तो यही संवाद उन्हें सभी स्तरों के श्रोताओं के दिलों की गहराई में उतार देता है। जहाँ तक दानवीरता का प्रश्न है तो वे सर्वहारा समाज के अन्तिम व्यक्ति के लिए भी अपने प्रयासों, सम्प्रेरणा, संकल्पों एवं क्षमताओं का अनुदान, अविरल देते रहने में ही अपने जीवन को सार्थक समझते हैं। यही बेबाकी उन्हें अनूठा बनाती है। उनका उत्कृष्ट श्रोता होने का गुण, उन्हें बेबाकी के साथ प्रभावी वक्ता भी बनाता है, और नितिन गडकरी के प्रभावी वक्ता बनने के पीछे की कहानी भी बड़ी रोचक है।

व्यक्ति के जीवन में कुछ घटनाएँ ऐसी घटित हो जाती हैं, जो व्यक्ति उसके मनोमस्तिष्क के साथ–साथ उसके अन्तर्मन को भी झकझोर देती है। ऐसी घटनाएँ व्यक्ति पर केवल छाप ही नहीं छोड़ती, बल्कि उसका प्रभाव जीवन में एक क्रान्तिकारी बदलाव लाने का सामर्थ्य भी रखता हैं। यदि यह घटनाक्रम जीवन को सकारात्मक मोड़ देता है तो निश्चित रूप से उसका गुणानुवाद भी होता है। घटनाएँ केवल छोटी–सी ही होती हैं, लेकिन व्यक्ति पर उसका

इतना गहरा असर होता है कि वह उस घटना से सीख लेकर अपने व्यक्तित्व को और भी परिमार्जित करने के लिए संकल्पबद्ध हो जाता है। कुछ इसी तरह शालेय जीवन की एक घटना ने नितिन गडकरी को वक्तृत्व कला में सिद्धहस्त होने के लिए संकल्पित किया। बात उस समय की है जब भारतीय स्वतन्त्रता के 25 वर्ष पूर्ण होने के उपलक्ष्य में विद्यालय में एक वाद विवाद प्रतियोगिता रखी गयी थी। इस प्रतियोगिता में प्रतिभागी एक छात्रा ने अपने वक्तव्य में अंग्रेज़ी शब्द 'नेचर' का उच्चारण 'नटुर' किया। यह सुनते ही कार्यक्रम में उपस्थित छात्रों ने ठहाके लगाए। नितिन गडकरी और उनके मित्रों ने भी उक्त छात्रा का इसी बात को लेकर मजाक भी उड़ाया। उनकी इस उद्दण्डता पर नाराज होकर प्रधानाध्यापक ने उनको उनके साथियों के साथ कक्ष में बुलवाया और जमकर फटकार लगाई। उन्होंने वक्तृत्व के लिए आयी प्रतियोगी छात्रा के साहस की प्रशन्सा करते हुए कहा कि 'आप लोगों से बेहतर तो वह लड़की है जिसमें सामने आकर किसी विषय पर बोलने का साहस तो है। आप लोग किसी काम के नहीं हो। केवल मजाक उड़ाना ही जानते हो।' प्रधानाध्यापक की इस फटकार ने नितिन गडकरी को भीतर से इतना झिंझोड़ा कि वे वक्तृत्व कला में पारंगत होने के लिए प्रेरित हुए। इसका नतीजा यह निकला कि इसके बाद स्कूल व कॉलेज के छात्र जीवन में उन्होंने वक्तृत्व कला के बलबूते कई पुरस्कार जीते। उनकी यह कला, केवल पुरस्कार पाने तक ही सीमित नहीं रही, बल्कि कालांतर में राजनीतिक व सार्वजनिक जीवन में जब यह कला खिलकर निखरी तो वे जन–जन के मन में बसने लगे। उनमें उत्कृष्ट व्यक्तित्व उभरकर सामने आया। जब भी वे अपने समक्ष उपस्थित दो लोगों से बात करें या दो हज़ार या फिर बीस हज़ार की उपस्थिति क्यों न हो, वहाँ मौजूद प्रत्येक व्यक्ति को यह लगता है कि वे उनसे व्यक्तिगत संवाद कर रहे हैं। इसके पीछे केवल उनकी वक्तृत्व कला ही नहीं है, बल्कि इसकी पृष्ठभूमि में उन्हें बाल्यकाल से मिले वे संस्कार भी हैं जिसके प्रभाव से वे साधारण से असाधारण

व्यक्तित्व की श्रेणी में पहुँचकर बेबाक वक्ता बने। इस घटना से यह भी उभरकर आता है कि वे सामने आयी चुनौतियों से अत्यन्त सकारात्मक प्रेरणा लेते हैं और पूरी तन्मयता एवं ऊर्जा से रचनात्मक बदलाव करने में जुट जाते हैं।

जीवन में कई ऐसे अवसर भी आये जब नितिन गडकरी की स्पष्टवादी प्रवृत्ति उनके लिए नुकसानदायक बनती रही है। कभी–कभी उनके स्पष्टवादी मुखर वक्तव्य, राजनीतिक परिस्थितियों के विरोधाभासी होने का अहसास कराते हैं। यही कारण है कि मीडिया में उनके स्पष्टवादी वक्तव्य को किसी दूसरे विषय से जोड़कर विवादित बना दिया जाता रहा है और बाद में उन्हें सफाई देने के लिए सामने आकर कहना पड़ा कि उन्होंने यह बात 'इस' नहीं बल्कि 'उस' सन्दर्भ में कही थी। उन्होंने मीडिया को कई बार सार्वजनिक साक्षात्कार के दौरान अपने बयानों को तोड़–मरोड़ कर या अधूरे प्रस्तुत करने के मामलों में सचेत भी किया है। वे स्पष्ट कहते हैं कि मीडिया अपनी टीआरपी बढ़ाने के लिए मेरे बयानों के साथ छेड़छाड़ करती हैं। यह प्रयास ना तो नीतिगत है और ना ही सैद्धान्तिक है। वे मीडिया को अपने कर्तव्यों के प्रति प्रामाणिक रहने के सन्दर्भ में अक्सर आगाह करते हैं। वे यहाँ तक कहते हैं कि उन्होंने जो भी बयान दिया है, वे कभी उस बयान से पीछे नहीं हटते, किन्तु यह मीडिया की जिम्मेदारी है कि वह बयान जिन सन्दर्भों और जिन परिस्थितियों में दिया गया है, उसकी पृष्ठभूमि भी स्पष्ट रूप से दिखायी जानी चाहिए। ना कि व्यर्थ की सनसनी उत्पन्न करने वाले बयान के छोटे से हिस्से को 'हाईलाइट' करने का प्रयास किया जाना चाहिए।

ईमानदार स्वीकारोक्ति : नितिन गडकरी एक ऐसा व्यक्तित्व है जो खुलकर अपनी भूल, कमजोरियों एवं नाकामियों को स्वीकार करते हैं। ऐसे बिरले ही राजनेता होते हैं जो स्वयं की गलतियों को सार्वजनिक स्तर पर स्वीकार करने में जरा भी हिचकिचाहट महसूस नहीं करते। नितिन गडकरी स्पष्ट कहते हैं कि मैं काम का लक्ष्य तो

सदैव बड़ा ही रखता हूँ और रखना भी चाहिए। क्योंकि बड़ा लक्ष्य नहीं होगा, तो बड़ी सफलता कैसे प्राप्त होगी? बड़े प्रयासों के लिए प्रेरणा कैसे मिलेगी? ऐसे में यदि कभी कोई लक्ष्य, निर्धारित मापदण्ड से कमतर रह भी जाता है तो वे इसे स्वीकार करने में संकोच नहीं करते। ना तो वे निराश होते हैं और ना ही निरुत्साहित। यह केवल उसी परिस्थिति में सम्भव होता है जब व्यक्ति अपने कार्य के प्रति न केवल पूरी तरह संकल्पित एवं समर्पित हो बल्कि उसकी कार्य व्यवस्था भी पूरी तरह पारदर्शी हो। क्योंकि पारदर्शी कार्यव्यवस्था ही व्यवधानों को स्पष्ट रूप से सामने रखने में समर्थ होती है। जब तक व्यवधानों की स्पष्टता नहीं होगी, तब तक आगे का मार्ग प्रशस्त हो ही नहीं सकता, और यही कारण है कि स्वभावतः नितिन गडकरी जितने हृदय से स्पष्ट और बेबाक हैं, उतने ही अपनी कार्यव्यवस्था में पारदर्शी एवं स्पष्टवादी हैं।

वे अपने अफसरों को स्पष्ट रूप से कहते हैं कि जब कोई व्यक्ति आपके पास आता है तो सबसे पहले इस बात को अपने मनोमस्तिष्क में स्पष्ट कर लें कि आने वाला व्यक्ति अपने संसदीय क्षेत्र का प्रतिनिधित्व करता है। वह केवल एक व्यक्ति नहीं, बल्कि राष्ट्र का एक बहुत बड़ा हिस्सा है। जो अपने क्षेत्र की समस्याएँ लेकर आपके पास पहुँचा है। आपका न केवल नैतिक, बल्कि कर्तव्यजनित दायित्व भी है कि आप उसकी समस्या को ध्यानपूर्वक सुनें और उसके निदान का हर सम्भव प्रयत्न करें। सभी सम्भावनाएँ टटोलने के बाद यदि किन्ही अपरिहार्य कारणोंवश वह कार्य नहीं होने की स्थिति में है तो आगंतुक को समुचित कारणों सहित समझाया जाये। साथ ही इस बात के प्रति आश्वस्त भी किया जाये कि किन व्यवधानों को दूर करने से शीघ्र ही सकारात्मक मार्ग खोजने के प्रयास होंगे। ऐसा, न केवल कहा जाये बल्कि किया भी जाये, और बदली हुई परिस्थितियों में उस व्यक्ति को बुलाकर उसकी समस्या पर किये गये निदान एवं निराकरण से उसे अवगत कराया जाये। जब नेतृत्व में ऐसी पारदर्शिता होती है, जब नेतृत्व सकारात्मक रूप से संकल्पित एवं

समर्पित होता है तो निश्चित रूप से उसकी टीम भी उसी भावनाओं के अन्तर्गत कार्य करती है। अंग्रेज़ी में एक कहावत है– 'इफ यू आर सक्सेसफुल, इट इज बीकॉज ऑफ टीम वर्क एण्ड इफ देअर इज ए फेल्युअर, दैन इट इज लीडरशिप फेल्युअर', अर्थात यदि प्रकल्प सफल है तो टीम वर्क की वजह से है। और यदि असफल है तो निश्चित रूप से इसके पीछे असफल नेतृत्व है।

पारखी

आकारेणैव चतुरास्तर्कयन्ति परेङ्गितम।
गर्भस्थं केतकीपुष्पमामोदनैव षट्पदाः।।

(प्रसन्नराघव 1–4)

बुद्धिमान व्यक्ति अन्यान्य व्यक्तियों की भाव–भंगिमा यानी हाव–भाव की भाषा व चेहरे पर मौजूद भावाभिव्यक्ति के आधार पर ही मानसिक तथा शारीरिक क्षमताओं के गुणों का आकलन कर लेते हैं। ठीक वैसे ही जैसे मधुमक्खी, केतकी पुष्प की कन्दरा को उसकी सुगन्ध से ही पहचान लेती है।

विचार

गुणवत्ता राख में दबी उस आग की तरह होती है, जो उपर से भले ही दिखायी न दे लेकिन राख के भीतर हमेशा सुलगती रहती है।

–नेल्सन मंडेला

पारखी

व्यक्ति को परख लेने से अधिक महत्त्वपूर्ण यह है कि परखे हुए व्यक्ति की क्षमताओं और उपादेयता का सार्थक उपयोग हो। नितिन गडकरी में व्यक्ति परख की क्षमता भी कुछ ऐसी ही प्रतीत होती है। उनका प्रबन्धन तत्त्व भी साधारण कार्यकर्ता से असाधारण पुरुषार्थ करवाने की क्षमता रखता है।

अपने विद्यार्थी जीवन से ही सार्वजनिक क्षेत्र में सक्रिय उनको उनके सम्पर्क में आने वाले व्यक्तियों की भावनाओं, हुनर और कार्यक्षमताओं का आकलन सहज रूप से ही होता रहा। उसका प्रमुख कारण यह था कि उस परिवेश में जब किसी प्रकार का कोई राजनीतिक अस्तित्व नहीं था, यहाँ तक कि पहचान बनाने के लिए भी संघर्ष हो रहा था, ऐसे दौर में व्यक्तियों से जुड़ाव का आधार या तो भावनात्मक होता है या सैद्धान्तिक होता है। संघर्ष के इस दौर में किसी से भी लाभ या किसी व्यक्तिगत आकांक्षा की पूर्ति के लिए जुड़ाव होने की सम्भावना ऐसे व्यक्ति में बेहद क्षीण रहती है। ऐसा दौर तो केवल निवेश माँगता है। फिर चाहे समय का हो, शारीरिक परिश्रम का हो या बौद्धिक क्षमताओं का। अस्तित्व का संघर्ष तो सब कुछ निरपेक्ष भाव से निःस्वार्थ समर्पण ही चाहता है। ऐसे में जो सहयोगी साथ में जुड़ते हैं उनकी क्षमताएँ विविध अवसरों पर निश्चित रूप से प्रमाणित होती ही रहती है। यह प्रक्रिया निश्चित रूप से किसी भी व्यक्ति की क्षमताओं एवं गुणवत्ताओं को परखने में सिद्धहस्त बनने में मदद करती है। यही उनके साथ भी हुआ। जिसका लाभ उन्हें कालान्तर में सहज रूप से ऐसे मिला कि उनके साथ एक विशाल समूह जुड़ता चला गया। इसी वजह से उन्होंने असम्भव को सम्भव कर दिखाया। किसी काल खण्ड में जिस विदर्भ एवं समीपवर्ती क्षेत्रों में केवल कांग्रेस का आधिपत्य था, वहाँ अब नितिन गडकरी की इसी टीम की वजह से कांग्रेस अपना अस्तित्व तलाश करने पर विवश हो गयी है।

नितिन गडकरी जब महाराष्ट्र सरकार में बतौर सार्वजनिक निर्माण मन्त्री बने तब व्यक्तियों को परखने की उनकी पारखी नज़र ने कार्यकुशल विभागीय अफसरों की भी एक बड़ी टीम तैयार की जिनमें सकारात्मक एवं रचनात्मक कार्य करने की आकांक्षा या चाह थी। ऐसे अफसरों को उन्होंने अपने प्रकल्प की लक्ष्यसिद्धि के लिए अपने साथ जोड़ लिया। जिसके परिणामस्वरूप उन्होंने मुम्बई में 55 फ्लाईओवर, वरली–बान्द्रा सीलिंक परियोजना की प्रस्तावना और मुम्बई–पुणे एक्सप्रेस हाईवे जैसे अति महत्त्वाकांक्षी और चुनौतियों से भरे प्रकल्पों को साकार किया। व्यक्ति को परखने की उनकी दृष्टि ही उनका ऐसा वैशिष्ट्य है, जिसके चलते वे अपने विविध प्रकल्पों के लिए पात्र व्यक्ति का चयन करने में सक्षम होते हैं।

नितिन गडकरी भी विविध कार्यों के लिए विशिष्ट प्रतिभा के धनी व्यक्ति को ही काम पर लगाते हैं। यही कारण है कि उनके प्रत्येक प्रकल्प गतिमान होते हैं और सफल भी। प्रत्येक व्यक्ति में किसी भी विशेष कार्य को करने की विशिष्ट गुणवत्ता होती है और वह व्यक्ति ही उस कार्य को अत्यन्त उत्कृष्ठता से सफलतापूर्वक सम्पन्न कर सकता है।

उनमें में जहाँ उत्कृष्ट परखो व्यक्तित्व होने की क्षमता है वहीं वे यह बात भी जानते हैं कि हर रचनात्मक और सकारात्मक कार्य करने की चाह रखने वालों की नज़रें भी पारखी होती हैं। तभी तो वे किसी भी कार्य की बारीकियों को जल्द ही परख लेते हैं। ऐसे पारखी नज़रों वाले व्यक्तियों को नितिन गडकरी भी अपने साथ जोड़ते हैं, लेकिन यह अवसर भी देते हैं कि वे भी उन्हें अपनी दृष्टि से परख लें कि मेरे साथ जुड़ाव उनके स्वयं के लिए कितना कारगर, सार्थक या सापेक्ष है। यही कारण है कि नितिन गडकरी उन्हें अभिव्यक्ति की स्वतन्त्रता की तर्ज पर व्यक्ति को परखने की स्वतन्त्रता भी देते हैं। नितिन गडकरी का यही वह गुण है जो उन्हें असाधारण व्यक्तित्व की कतार में रखता है। क्योंकि यह सुनिश्चित है कि निष्पक्षता एवं समान अवसर देने के लिए एक विशाल पैमाने की व्यापक मानसिकता लगती है, और इसके तो नितिन गडकरी धनी हैं।

निष्ठा-श्रद्धा

श्रद्धैषात्र प्रकर्तव्या श्रद्धा सन्देहनाशिनी।
श्रद्धा सौख्यकरी पुंसां श्रद्धा मुक्तिप्रदायिनी।।

(आदर्शचरित 2–75)

श्रद्धा एवं विश्वास ऐसी विलक्षणता है जिसमें शंका–कुशंकाओं का निर्मूलन करने की क्षमता हैं। श्रद्धा ही व्यक्ति को समस्त सुखों को उपलब्ध कर मुक्ति प्रदान करती है।

विचार

कोई अकेला इस संसार को बदल तो नहीं सकता लेकिन पानी में फेंका गया एक पत्थर हज़ार लहरें पैदा कर सकता है।

–मदर टेरेसा

निष्ठा-श्रद्धा

निष्ठा एवं विश्वास, अपने आप में बेहद समर्थ एवं शक्तिशाली हैं जो शंका–कुशंकाओं का समूल विनाश कर देते हैं। वैसे तो निष्ठा एकमात्र ऐसा प्राकृतिक मनोभाव है जो जीवन में प्रसन्नता के साथ सहज ही प्रज्ञता (विस्डम) प्रदान करता है। जैसे ईश निष्ठा और उसके प्रति श्रद्धा, व्यक्ति के जीवन को सार्थकता एवं उद्देश्य प्रदान करती है। ईश्वर के प्रति श्रद्धा एवं विश्वास, प्रतिकात्मक रूप से व्यक्ति के अन्तर में स्वयं के प्रति श्रद्धा और विश्वास जागृत करने का सर्वोत्कृष्ट साधन है। योग में व्यक्ति ध्यान–साधना के माध्यम से स्वयं के इष्ट से स्वयं का परिचय करता है। यानी व्यक्ति अपने बाह्य अस्तित्व को अपनी अन्तःचेतना से जोड़ता है। ताकि उसे अपने अस्तित्व की सार्थकता तथा उद्देश्य का बोध हो सके। इसी उद्देश्य से ईश साधना से सम्बन्धित विभिन्न धर्म, सम्प्रदाय एवं पन्थ समस्त संसार में कार्यरत हैं। ईश साधना यानी स्व–साधना के कई पथ हैं। इन पथों पर चलने की अपनी–अपनी क्रिया–प्रक्रिया निर्धारित है, जिसे हम कर्मकाण्ड भी कहते हैं। बहुधा, होता यह है कि व्यक्ति, इन कर्मकाण्डों को ही ईश साधना समझ बैठता है। वह इन कर्मकाण्डों में इतना उलझ जाता है कि किसी भी अवस्था में इन कर्मकाण्डों से परे देखना ही नहीं चाहता। बहुतायत यह कर्मकाण्डी कट्टरता, सात्विक मार्ग से भटक कर तामसी रूप धारण कर लेती है। जिसे हम हिंसात्मक कर्मकाण्ड की संज्ञा दे सकते हैं, और विडम्बना तो यह है कि वर्तमान में विश्व में एक बहुत बड़े प्रतिशत वाला कथित रूप से धार्मिक कहलाने वाला मानव, इसी हिंसात्मक कर्मकाण्ड के वशीभूत होकर अहंकारी प्रवृत्ति के चलते न केवल नकारात्मक हो चला है बल्कि, स्वयं बारूद के ढेर पर खड़ा मानव सभ्यता का विनाशक बनने की भूमिका भी धारण कर चुका है। नितिन गडकरी का चिन्तन ईश निष्ठा को लेकर अत्यन्त मानवीय, सकारात्मक एवं रचनात्मक दृष्टि रखता है, और यही दृष्टि उन्हें सर्वहारा वर्ग के अन्तिम छोर के पास खड़े हुए व्यक्ति के प्रति जिम्मेदार और संवेदनशील बनाती है।

भारत देश ही नितिन गडकरी का ईश है और सशक्त भारत निर्माण का लक्ष्य, उनकी ईशनिष्ठा है। बेहतर एवं उन्नत ढाँचागत विकास और इसके लिए उत्तम सड़कों का निर्माण उनकी ईश प्रार्थना है। मुम्बई–बांद्रा सी–लिंक उनके लिए रामसेतु से कम नहीं। सड़कों पर बनने वाले फ्लाईओवर यानी उड़ानपुल उनके लिए जैसे हनुमत छलाँग हो और समुद्र पर उड़नेवाले सी–प्लेन होवर तो जैसे उनके लिए पुष्पक विमान हैं। समन्वय उनका अध्यात्म और स्पष्टवादिता उनके मन्त्रजाप हैं। क्योंकि ईशनिष्ठा जब तक अन्तःकरण और बुद्धि दोनों को सन्तुष्ट नहीं करती, तब तक किसी साधना को करना या नहीं करना, एक जैसा ही है, ऐसी नितिन गडकरी की मान्यता है।

विनयशीलता-कृतज्ञता

भवन्ति नम्रास्तरवः फलागमैर्नवाम्बुभिर्दूरविलम्बिनो घनाः।
अनुद्धताः सत्पुरूषाः समृद्धिभिः स्वभाव एवैष परोपकारिणाम्।

(नीतिशतक 71)

विनयशीलता महान व्यक्तित्व का साहजिक गुण है। जिस तरह फलदार वृक्ष भूमि की ओर झुका हुआ होता है, जल से भरे हुए बादल भी भूमि के निकट झुक जाते हैं, ठीक उसी तरह महान व्यक्तित्व उच्चासीन पदों पर पहुँचने के पश्चात भी अपनी विनयशीलता का त्याग नहीं करते।

विचार

सफलता उन्हीं के जीवन में आती है जो अपने जुनून के प्रति समर्पित होते हैं लेकिन विनयशीलता और कृतज्ञता का होना सबसे अहम् है। शर्त यह है कि धन और प्रसिद्धि में भी व्यक्ति संयम बरतें।

—ए.आर. रहमान

विनयशीलता-कृतज्ञता

नितिन गडकरी में विनयशीलता व कृतज्ञता, यह गुण विशेषकर दो–तीन सन्दर्भों में स्पष्ट रूप से परिलक्षित होते हैं। बात उस समय की है जब वे विद्यार्थी जीवन जी रहे थे और उनकी माँ भानुताई गृहस्थी की जिम्मेदारियों के साथ समाजकार्य में भी सक्रिय हुआ करती थीं। इस कार्य में उन्हें जो महिलाएँ सहयोग किया करती थीं, उन्हें भी नितिन गडकरी माता के समान ही आदर दिया करते थे। उनकी यह वृत्ति बड़ों के प्रति सम्मान प्रदर्शित करने वाली विनयशीलता को प्रदर्शित करती है, लेकिन वे इन मातृतुल्य महिलाओं को उस समय भी नहीं भूले जब वे भारतीय जनता पार्टी के राष्ट्रीय अध्यक्ष बने। तब भानुताई की समकालीन उन सभी महिलाओं ने उनसे दिल्ली–दर्शन की मनोकांक्षा व्यक्त की थी। उन्होंने इन मातृतुल्य महिलाओं की मनोकांक्षा को अत्यन्त श्रद्धापूर्वक स्वयं की देखरेख में पूर्ण कर उनके प्रति कृतज्ञता भी व्यक्त की। एक साधारण कार्यकर्ता के रूप में कार्य करते हुए वे देश के एक बहुत बड़ी जिम्मेदारी से युक्त उच्च पद पर आसीन हुए। उन्हें अत्यन्त संघर्षपूर्ण तथा उनकी जीवन यात्रा के एक लम्बे अन्तराल के बाद यह पड़ाव हासिल हुआ। इस दीर्घकाल में उनका सम्पर्क एक अतिसाधारण कार्यकर्ता से लेकर अतिविशिष्ट व्यक्तियों तक सतत बना रहा। यह उनका अत्यन्त विनय–विवेकशील स्वभाव ही है कि वे अपने प्रारम्भिक जीवन यात्रा के संगी–साथी रहे उस साधारण व्यक्ति से भी उतनी ही घनिष्ठता से मिलते हैं, जितना वे अतिविशिष्ट व्यक्तियों से मिला करते हैं। एक और सबसे महत्त्वपूर्ण सन्दर्भ यह है कि उनके बच्चों के वैवाहिक सम्बन्धों का योग भी उसी समय आया जो लगभग उनके राजनैतिक उत्थान का परमोत्कर्ष रहा है। बावजूद इसके, उन्होंने अपने बच्चों के वैवाहिक सम्बन्ध उन्हीं परिवारों में किये जिनके संस्कार एवं पृष्ठभूमि गडकरी के कौटुम्बिक जीवनमूल्यों की कसौटी पर खरी उतरती हो। यह भी अत्यन्त सुखद है कि उनकी दुपहिया लूना मोपेड व स्कूटर वाले जमाने का मित्र

परिवार भी आज उनके बच्चों के वैवाहिक रिश्तों से सगे–सम्बन्धी हैं। इसके अलावा उनकी विनयशीलता का एक और विशिष्ट उदाहरण यह है कि तकनीकी मामलों में जब वे ज्ञानार्जन या अपने ज्ञान का विस्तार करना चाहते हैं तो वे स्वयं उन विषयों के पारंगत विद्वानों की खोज कर उनसे भेंट करते हैं, और उनसे अर्जित ज्ञान तथा ऊर्जित प्रज्ञा के लिए सदैव उनके प्रति कृतज्ञ भाव रखते हैं। ऐसे विद्वानों से जब भी उनकी भेंट निजी या सार्वजनिक तौर पर होती है तो वे विनयपूर्वक उनके समक्ष नतमस्तक होने में अपना गौरव मानते हैं। यह भाव ठीक उसी तरह है, जैसे गीता स्वाध्याय के प्रणेता परम श्रद्धेय पाण्डुरंग शास्त्री आठवले कहते थे जो कृतज्ञ नहीं, वह मनुष्य नहीं। कृतज्ञता ही ईश्वर के प्रति समर्पण का दूसरा नाम है।

नितिन गडकरी का यह भी मानना है कि विनयशील होने का यह अर्थ नहीं कि व्यक्ति पूरे समय तक विनम्र ही बना रहे। वे मानते हैं कि व्यक्ति का सभी के प्रति समभाव होना चाहिए, किन्तु व्यवहार तो वैसे ही होगा जैसा सामने वाले व्यक्ति का आचरण होगा। समाज में कई बार पाखण्डियों और विघ्नसन्तोषियों से भी सामना होता है जिनका मूल चरित्र केवल विरोध का होता है। ऐसे लोगों की मानसिकता उस मक्खी के समान होती है जो खूबसूरत एवं आकर्षक शरीर को अनदेखा कर केवल उसके दुर्गंधयुक्त जख्म पर ही जाकर बैठती है। ऐसी सोच वाले व्यक्ति प्रत्येक प्रकल्प या परियोजना को नकारात्मक दृष्टि से देखने के ही आदी होते हैं। ऐसी मानसिकता को दृढ़ता के साथ अनदेखा करने से ही समाज के सर्वहिताय प्रकल्पों का मार्ग प्रशस्त होता है। ऐसे मामलों में निश्चित रूप से नितिन गडकरी का व्यवहार न केवल कठोर होता है, बल्कि परिस्थितिवश वे अपना रौद्र रूप प्रकट करने में भी संकोच नहीं करते। कभी–कभी यह भी लगता है कि उनका पूरा क्रोध एक बोध लिए हुए होता है। वे क्रोध का भी उपयोग एक प्रबन्धन साधन के रूप में ही करते हैं। दरअसल होता यह है कि जो भी व्यक्ति अपनी समस्त रचनाधर्मिता को सर्वहिताय प्रकल्पों की उत्पादकता में झोंक देता है,

वह व्यक्ति सभी प्रकार के रचनात्मक एवं सकारात्मक सुझावों का स्वागत भी करता है जिससे सर्वहिताय प्रकल्पों का मूल्यवर्धन हो, किन्तु कभी–कभी ऐसा भी होता है कि विभिन्न उद्देश्यों में निहित अनुत्पादक सुझाव भी विघ्नसन्तोषी प्रवृत्ति के व्यक्ति या समूह, केवल स्वयं के अहंकार की तुष्टि या स्वयंप्रचार के इरादों से प्रेषित करते हैं, ऐसे में उन अनुत्पादक सुझावों के स्पष्टीकरण या उनके तुष्टिकरण में समय नष्ट नहीं करने की मानसिकता नितिन गडकरी के भावातिरेक का कारण बन जाती है।

यह भी अत्यन्त स्पष्ट है कि कोई भी विकास, किसी न किसी स्तर पर पर्यावरण या पर्यावरण से जुड़ी हुई व्यवस्था से कुछ न कुछ समझौता अवश्य करवाता है। ऐसे में प्राथमिक रूप से यह देखना समझना अत्यन्त महत्त्वपूर्ण हो जाता है कि विकास प्रकल्प की उपादेयता कितनी है और इसे बनाने में पर्यावरण व्यवस्था के साथ समझौता कितना है। कभी–कभी यह अनिवार्य भी होता है क्योंकि कुछ बड़े संवेदनशील एवं व्यापक उपादेयता वाले प्रकल्प को उभारने में पर्यावरण के साथ समझौता करना ही पड़ता है। अन्यथा यह भी एक उदाहरण है कि नितिन गडकरी ने एक राष्ट्रीय महामार्ग के निर्माण प्रकल्प में कई किलोमीटर तक की सड़क को पिलर के आधार पर जमीनी स्तर से ऊँचा उठाकर केवल इसलिए बनाया क्योंकि उस क्षेत्र में वन्यजीवों की आवाजाही में किसी भी प्रकार का व्यवधान नहीं होना चाहिए और जाने–अनजाने में उस राष्ट्रीय राजमार्ग पर मानव–वन्यजीव संघर्ष की स्थिति उत्पन्न नहीं होनी चाहिए।

जब किसी भी विषय का अतिरेक होता है और वह अतिरेक विघ्नसन्तोषी स्वभावांतर्गत होता है तो निश्चित रूप से नितिन गडकरी के व्यवहार में असामान्य रूप से व्यग्रता देखी जा सकती है। अन्यथा वे अत्यन्त विनयशील एवं कृतज्ञ भाव से ओत–प्रोत व्यक्तित्व के धनी हैं। हार्वे मैके ने कहा है– 'प्रतिभा ईश्वरीय अनुकम्पा है– कृतज्ञ रहें, प्रसिद्धि मानव प्रदत्त है– आभारी रहें, अहंकार स्वयंस्फूर्त है– सावधान रहें।'

सम्बन्ध सम्पदा

ते धन्यास्ते ते विवेकज्ञास्ते सभ्या इह भूतले।
आगच्छन्ति गृहे येषां कार्यार्थं सुहृदो जनाः।।

(पंचतन्त्र 1–285)

'वे व्यक्ति महान व धन्य होने के साथ भाग्यशाली और विवेकी सज्जन पुरुष होते हैं, जिनकी संकल्पपूर्ति हेतु उनके मित्र उनके ही निवास पर पहुँचकर सहर्ष अपना योगदान देते हैं।

विचार

उदार नेतृत्व न केवल मानवीय सम्बन्धों की जटिलता का भी सम्मान करते हैं। बल्कि ऐसा विश्वसनीय वातावरण तैयार करते हैं ताकि प्रत्येक व्यक्ति की योजना साकार हो सके।

–मार्टी रुबिन

सम्बन्ध सम्पदा

नितिन गडकरी के साथ तो यह सुखद संयोग छात्र जीवन से ही जुड़ा रहा है। जैसा कि पूर्व में भी इसका उल्लेख किया गया है कि मानव संसाधन प्रबन्धन एवं संवर्धन उनकी विलक्षण क्षमता है। तात्विक रूप से वे जिस संस्था से बाल्यकाल से ही जुड़े हैं वह संस्था राजनीति और राजनैतिक हस्तक्षेप से बहुतायत परे ही रहा करती है। ऐसे में भारतीय जनता पार्टी के लिए राजनैतिक ढाँचा तैयार करना और तत्त्व को व्यावहारिक परिवेश में बहुत हद तक बचाकर रखना, निश्चित रूप से उनके लिए एक बहुत बड़ी चुनौती रही।

अपनी स्थापना के शुरुआती दौर में भारतीय जनता पार्टी में राजनैतिक कार्य करने वाले कार्यकर्ताओं की बेहद कमी रही। इसके पीछे मूल कारण यह भी रहा कि 80 के दशक में भाजपा का विदर्भ प्रदेश में किसी प्रकार का कोई उल्लेखनीय अस्तित्व ही नहीं था। जमीनी स्तर पर कार्य करने वाले तथा स्वयं रचनात्मक एवं सकारात्मक सामाजिक कार्यों में योगदान देने की चाह रखने वाले सक्रिय राजनीतिक कार्यकर्ता भाजपा में गिनती के ही थे। विद्यार्थी जीवन में अखिल भारतीय विद्यार्थी परिषद का कार्य करते हुए नितिन गडकरी सक्रिय राजनीति में नागपुर विश्वविद्यालय के चुनाव में हिस्सा लेकर कार्यारम्भ कर ही चुके थे। उस समय भी राष्ट्रीय स्वयंसेवक संघ से जुड़े हुए विद्यार्थियों की संख्या भी अल्प ही थी। ऐसे में समान सोच एवं विचारधारा रखने वाले विद्यार्थियों को उन्होंने स्वयं के संगठन कौशल के आधार पर विद्यार्थी परिषद से जोड़ा। यहाँ तक कि नागपुर विश्वविद्यालय की छात्र परिषद पर अभाविप का कब्जा जमाकर स्वयं की प्रभावी रणनीतिक छाप छोड़ी थी। नागपुर विश्वविद्यालय के छात्र परिषद अभियान में वे व्यक्तियों को साथ जोड़कर लक्ष्यसिद्धि प्राप्त करने के मूलमन्त्र को भली–भाँति समझ चुके थे। चूँकि वे अपने शब्दों का अक्षरशः पालन किया करते थे, इसलिए उनकी व्यक्तिगत छवि एक साफ–सुथरे, किन्तु दृढ़ व्यक्ति

की बन चुकी थी। यही कारण है कि जब उन्होंने भाजपा की सक्रिय राजनीति में प्रवेश किया और ज़मीनी स्तर पर भाजपा को कांग्रेस के मुकाबले खड़ा करने का संकल्प किया तो उनकी रिश्ते बनाने, निभाने और दिये गये शब्दों के परिपालन में अपना सर्वस्व दाँव पर लगा देने वाली छवि ने महत्त्वपूर्ण भूमिका अदा की।

आज भी जब हम भाजपा के विधायकों एवं सांसदों के अलावा स्थानीय निकायों में विभिन्न पदों पर कार्यरत व्यक्तियों को देखते हैं तो पता चलता है कि यह पूरी मानवीय सम्बन्धों की सम्पदा नितिन गडकरी ने स्वयं संवर्धित और अर्जित की है। अनेक नेता जो स्थानीय निकायों के पदाधिकारी हैं वे मूल रूप से भाजपा के नहीं थे। किन्तु यह उनकी नेतृत्व क्षमता का ही कमाल है कि जिन्हें भी वे बाहरी राजनैतिक या सामाजिक परिवेश से लेकर आये, वे सभी तात्विक रूप से सकारात्मक एवं रचनात्मक सामाजिक कार्यों में वैसी ही रुचि रखते हैं, जैसी नितिन गडकरी को अभिप्रेत है। ऐसे में राष्ट्रसन्त तुकड़ोजी महाराज के भजन की वह पंक्तियाँ याद आती हैं जिसमें उन्होंने मराठी भाषा में लिखा है– 'माणुस द्या मज माणुस द्या, ही भिक मागता प्रभु दिसला', अर्थात ईश्वर भी आज के युग में मानवीय संवेदनाओं से ओत–प्रोत व्यक्ति मिलने की इस संसार से याचना करते हुए नज़र आ रहा है। ऐसे में नितिन गडकरी द्वारा सशक्त भारत के निर्माण में रचनात्मक एवं सकारात्मक भूमिका निभाने के लिए योग्य और अनुकूल व्यक्तियों को खोज करना यही सिद्ध करता है कि वास्तव में अच्छे और सच्चे कार्यों के लिए आज भी प्रामाणिक व्यक्तियों की नितान्त आवश्यकता बनी हुई है और भविष्य में भी बनी रहेगी। ऐसे व्यक्तियों द्वारा नितिन गडकरी के साथ दशकों से उसी लय के साथ आज भी उन सम्बन्धों को निभाना, वाकई में उनका एक विलक्षण प्रबन्धन कौशल ही कहा जा सकता है।

विविध

श्री नितिन गडकरी : जीवन यात्रा

- नागपुर में 27 मई 1957 को कृषक परिवार में जन्म।
- वाणिज्य एवं विधि स्नातक होने के साथ बिजनेस मैनेजमेंट में डिप्लोमा।
- राष्ट्रीय स्वयंसेवक संघ और अखिल भारतीय विद्यार्थी परिषद की विविध गतिविधियों में सहभागिता।
- राष्ट्रीय स्वयंसेवक संघ के संस्थापक केशव बलीराम हेडगेवार की मानवता और राष्ट्र निर्माण अवधारणा से प्रभावित।
- 1975 में प्रधानमन्त्री इन्दिरा गाँधी द्वारा देश में लागू किये गये आपातकाल का छात्र आन्दोलन के माध्यम से पुरजोर विरोध।
- 1980 में सक्रिय राजनीति में प्रवेश। चार कार्यकाल विधान परिषद सदस्य और विप में प्रतिपक्ष नेता रहे।
- 1995–99 तक महाराष्ट्र शासन में लोक निर्माण मन्त्री।
- भारत के प्रथम मुम्बई–पुणे एक्सप्रेस–वे और मुम्बई में 55 फ्लाईओवर्स का रिकार्ड समय में सफलतापूर्वक निर्माण के साथ वरली–बान्द्रा सी–लिंक परियोजना प्रस्तावित।
- 2005 में महाराष्ट्र भाजपा अध्यक्ष।
- 2009 में केवल 52 वर्ष की आयु में ही भाजपा के राष्ट्रीय अध्यक्ष।
- कृषि प्रक्रियाओं का पुनर्गठन करने हेतु जल संरक्षण, ऑर्गेनिक खेती, बायोफ्यूल, हेल्थकेयर व किसान कल्याण

प्रोजेक्ट, कृषि आधारित स्माल एंड कॉटेज इंडस्ट्री, आदिवासी एवं ग्रामीण हस्तकला एवं बाँस क्राफ्ट प्रकल्प का संचालन।

- इन्फ्रास्ट्रक्चर प्रकल्पों के निर्माण में पब्लिक प्राइवेट पार्टनरशिप (पीपीपी) तत्त्वों पर आधारित बीओटी (बिल्ड आपरेट एंड ट्रांसफर) लागू किया।
- 2014 में 16वीं लोकसभा के लिए नागपुर संसदीय क्षेत्र से भारी मतों से विजयी।
- 26 मई 2014 को केन्द्रीय मन्त्री भारत सरकार, सड़क परिवहन, राष्ट्रीय महामार्ग, जहाज़रानी पद का शपथग्रहण।
- 3 सितम्बर 2017 को केन्द्रीय जल संसाधन व गंगा पुनरुज्जीवन मन्त्रालय का अतिरिक्त प्रभार सौंपा गया।
- केन्द्रीय सड़क परिवहन व महामार्ग मन्त्री के बतौर 2014 में 3 किमी प्रतिदिन की गति से 30 किमी, प्रतिदिन की गति तक हाईवे का सफलतापूर्वक निर्माण।
- केन्द्रीय जल संसाधन व गंगा पुनरुज्जीवन मन्त्री रहते हुए राज्य व केन्द्र सरकार की एजेंसियों, निजी क्षेत्रों, विदेशी निवेशकों, एनजीओ, धार्मिक व सामाजिक संगठनों के सहयोग से नमामि गंगे परियोजना को जन–जन का अभियान बनाया।
- गंगा सहित अनेक नदियों की सफाई के लिए अभिनव हाईब्रिड एन्युईटी मॉडल (एचएएम) अन्तर्गत संचालित प्रकल्प जिसके परिणामस्वरूप 2018 में प्रयाग कुम्भ के दौरान निर्मल और अविरल गंगा के दर्शन हुए।
- बतौर जल संसाधन मन्त्री 6 माह में ही राज्यों के बीच नदियों के जल–विवाद का निराकरण।
- देश के इतिहास में पहली बार मालवाहक जहाज़ों व गंगा पुनरुज्जीवन के साथ वाराणसी व कोलकाता के बीच अन्तरदेशीय जलमार्ग का विकास।

- एनडीए सरकार के दूसरे कार्यकाल में भी सड़क परिवहन, निर्माण विकास एवं सुरक्षा अभियान निरन्तर जारी।
- अन्तरराष्ट्रीय ब्राजिलिया घोषणापत्र के अनुसार देश में वर्ष 2020 में सड़क दुर्घटनाओं तथा उनमें होने वाली मौतों का आँकड़ा 50 प्रतिशत से कम करने के लिए संकल्पबद्ध।
- सड़क परिवहन मन्त्रालय की बागडोर सम्भालते हुए अन्तरराष्ट्रीय स्तर की अत्यन्त व्यापक राष्ट्रीय राजमार्ग क्षमता दिग्दर्शिका प्रस्तुत की एवं विश्वस्तरीय सड़क सुरक्षा कानून अमल में लाया।
- सूक्ष्म, लघु एवं मध्यम उद्योगों के साथ खादी व ग्रामोद्योगों के विस्तार एवं प्रगति हेतु नवीन आधुनिक तकनीक जैसे– हरित तकनीक, ऋण बीमा योजना, मुद्रा विनीमय के लिए डिजिटल प्लेटफॉर्म एवं औद्योगिक विकास के लिए क्लस्टर आधारित संरचना। आदि विकासोन्मुख नीतियों पर कार्य।

कृतज्ञ-भाव

सर्वप्रथम मैं इस अहम कार्य–निष्पादन के लिए नितिन गडकरी का हृदय से आभारी हूँ, जिन्होंने मुझ पर विश्वास कर स्व–प्रबन्धन जैसे महत्त्वपूर्ण विषय पर आधारित इस पुस्तक के लेखन का सार्वभौमिक उद्देश्य का सम्मान कर अपनी सहमति प्रदान की। इस कार्य के सम्पादन में सहायक उनके परिवार और गत कई दशकों से गडकरी परिवार के अत्यन्त क़रीबी रहे उन ज्ञात–अज्ञात सज्जनों का भी मैं अत्यन्त आभारी हूँ, जिन्होंने इस पुस्तक के लेखनार्थ जानकारी जुटाने में अपना अमूल्य समय देकर विषयानुरूप चर्चा की। उनके अप्रतिम सहयोग एवं समर्थन से ही यह महती कार्य मुझसे सम्भव हो सका।

मैं महिन्द्रा उद्योग समूह के चेयरमैन आनन्दजी महिन्द्रा के प्रति हृदय से कृतज्ञ हूँ, जिन्होंने इस पुस्तक की पृष्ठभूमि को अपना अमूल्य समय देकर समझा और अपने मूल्यवान शब्दों से इस पुस्तक की प्रस्तावना लिखी।

संस्कृत भाषा में भारतीय ज्ञानपीठ पुरस्कार से अलंकृत डॉ. मधुसूदन पेन्नाजी का उल्लेख मैं यहाँ पर विशेष रूप से करना चाहूँगा कि इस पुस्तक को लेकर मेरी संकल्पना के अनुरूप वेदोपनिषद् और पुराणों में वर्णित भारतीय दर्शन के जो स्व–प्रबन्धन सूत्र हैं, वह सारे सूत्र मुझे भावार्थ सहित उनके माध्यम से प्राप्त हो सके।

मैं विशेषकर डॉ. उपेन्द्र कोठेकर, श्रीमती उमाताई पिंपलकर, डॉ. वि.स. जोग, डॉ. जयन्त देवपुजारी, रमेश हिमते, डॉ. स्वाति धर्माधिकारी,

राकेश खटोड़, सुश्री गार्गी लिमये, डॉ. सुरेश चारी, डॉ. महेन्द्र शर्मा, डॉ. प्रमोद शर्मा, डॉ. लोकेन्द्र सिंह, चन्द्रमोहन द्विवेदी, विलास काले, दिलीप कामदार, डॉ. कल्याणी काले, श्रीकान्त पाराशर (बेंगलुरू) के प्रति हृदय से कृतज्ञ हूँ जिनसे मुझे आत्मीय मार्गदर्शन व सहयोग मिला।

प्रारम्भ से ही मेरे मनोमस्तिष्क में मेरी इस पुस्तक को अंग्रेज़ी एवं मराठी भाषा में भी प्रस्तुत करने का मानस रहा है। यह मेरा सौभाग्य है कि मेरी इस आकांक्षा को पूर्ण करने में मंजुषा जोशी, जिन्होंने मेरी कल्पना के अनुरूप इस पुस्तक का मराठी भाषा में भावानुवाद करने में सहयोग किया। डॉ. सदानन्द बोरसे, सम्पादक, राजहंस प्रकाशन पुणे ने विशिष्ट रुचि लेकर मराठी भाषा में अनूदित इस पुस्तक का सम्पादन किया। वहीं अंग्रेज़ी भावानुवादक बरखा माथुर, जो कुछ समय तक भाजपा के राष्ट्रीय अध्यक्ष रहे नितिन गडकरी की कार्यालयीन सहयोगी रहीं, उनके अप्रतिम सहयोग से अंग्रेज़ी में इस पुस्तक का भावानुवाद हो सका। यह बताते हुए मुझे अत्यन्त हर्ष हो रहा है कि इस पुस्तक का गुजराती भाषा में भावानुवाद करने की ज़िम्मेदारी इला शुक्ला ने स्वीकार की है। मैं आशान्वित हूँ कि नितिन गडकरी को लेकर सर्वथा पृथक् किन्तु महत्त्वपूर्ण विषय पर रचित इस पुस्तक का भावानुवाद अन्य भारतीय भाषाओं में भी हो। ताकि भारतीय दर्शन में उल्लिखित प्रबन्धन–सूत्रों के अनुकरणीय सजीव पात्र नितिन गडकरी के प्रेरक व्यक्तित्व से देश की भावी पीढ़ी परिचित हो सके।

विशेष रूप से मैं वाणी प्रकाशन के अरुण माहेश्वरी जी एवं अदिति माहेश्वरी–गोयल के प्रति आभार व्यक्त करता हूँ।

उन सभी साथियों के प्रति मुख्यतः सर्वश्री गिरधारी मन्त्री, आनन्द निर्बाण, भरत एवं लक्ष्मण बजाज, जयन्त शेलके, असलम शेख के साथ मैं दिलीप जायसवाल का भी हृदय से कृतज्ञ हूँ। यह ऐसी विभूतियाँ हैं जिनसे इस पुस्तक की रचना के लिए मुझे विविध प्रकार से सम्बल मिला।

मैं आदरणीय पिता उमेश शर्मा, धर्मपत्नी कनक एवं बिटिया विधि का भी हृदय से आभारी हूँ जिनके समर्थन, सहयोग एवं प्रेरणा से ही यह कार्य पूर्णता को प्राप्त हो सका।

अन्त में इस पुस्तक की रचना में सहायक सन्दर्भ–ग्रन्थों को भी मैं सादर नमन करता हूँ।

-डॉ. विजय कुमार शर्मा

अन्य भाषाओं के प्रकाशन

अंग्रेज़ी अनुवाद
Out of the Box Thinker : Nitin Gadkari
प्रकाशक : The Write Place (Initiative by Crossword Bookstores ltd. Mumbai

अनुवाद : बरखा माथुर
barkhamathur@gmail.com
पत्रकारिता में तीन दशकों तक लेखन, टाइम्स ऑफ़ इंडिया, नागपुर से उप–सम्पादक के बतौर सेवानिवृत्ति। प्रारम्भिक काल में स्थानीय अंग्रेज़ी समाचार–पत्र 'द हितवाद' एवं 'लोकमत टाइम्स' को सेवाएँ। शहरी, ग्रामीण व आदिवासी जनजीवन के ज्वलन्त मुद्दों पर व्यापक लेखन। सामाजिक, सांस्कृतिक विषयों पर अभ्यासपूर्ण पत्रकारिता। राजनीतिक पत्रकारिता में अभिरुचि। चुनाव पूर्व की राजनीतिक गतिविधियों, घटनाक्रमों, सम्भावनाओं पर सटीक लेखन। क्षेत्रीय समसामयिक ऐतिहासिक विषयों पर किये गये प्रभावी विद्वत्तापूर्ण लेखन के लिए विदर्भ साहित्य संघ, नागपुर श्रमजीवी पत्रकार संघ एवं अन्य कई सामाजिक संस्थाओं की ओर से उत्कृष्ट पत्रकारिता के लिए पुरस्कार। मास कम्युनिकेशन में स्नातकोत्तर एवं मास मीडिया से सम्बद्ध संस्थाओं में मानद व्याख्याता। नितिन गडकरी के भाजपा के राष्ट्रीय अध्यक्षीय कार्यकाल के दौरान 2010 से 2012 तक कार्यालयीन सहयोगी के बतौर कार्यानुभव।

मराठी अनुवाद
चौकटी मोडणारा धुरन्धर नेता–नितिन गडकरी
प्रकाशक : राजहंस प्रकाशन पुणे
सम्पादक : डॉ. सदानन्द बोरसे (एम.बी.बी.एस., एम.एस.) पुणे
editor@rajhansprakashan.com

एम.बी.बी.एस. के पश्चात बी.जे. मेडिकल कॉलेज पुणे से मास्टर ऑफ़ सर्जरी। 1977 से 'माणुस' साप्ताहिक पत्र में स्तम्भ लेखन। 1985 से सतत राजहंस प्रकाशन पुणे के लिए सम्पादन। राजहंस ग्रन्थवेद में भाषा–विचार के तहत लेखन। अन्य समाचार–पत्रों एवं नियतकालिकों में लेखन। साहित्य, विज्ञान, संगीत, नाटक, सिनेमा आदि क्षेत्रों में गहन रुचि के साथ इन विषयों से सम्बन्धित पुस्तकों का सम्पादन। **प्रकाशित साहित्य**– 'ठाकरे विरुद्ध ठाकरे', 'भगतसिंग चा खटला', 'वीरप्पन विरुद्ध विजय कुमार', 'रोश विरुद्ध एडम्स', 'योद्धा सर्जन', 'मंडेला' और 'देश माझा–मी देशाचा' (माननीय लालकृष्ण आडवाणी आत्मचरित्र के इस भाग का अनुवाद)।

अनुवाद : मंजुषा जोशी
manjush11@gmail.com
वर्तमान में 'महाराष्ट्र टाइम्स' में वरिष्ठ पत्रकार के बतौर कार्यरत। पूर्व में 'दैनिक तरुण भारत', 'दैनिक नवराष्ट्र' एवं 'आकाशवाणी' में अपनी सेवाएँ दे चुकी हैं। पत्रकारिता में 15 वर्षों से विविध ज्वलन्त विषयों पर लेखन। मराठी, हिन्दी व अंग्रेजी भाषा पर समान प्रभुत्व। बी.एससी. (कम्प्यूटर साइंस), जनसंचार एवं पत्रकारिता में स्नातकोत्तर। अब तक अनेक पुस्तकों का सम्पादन एवं अनुवाद। अभिरुचि गीत, संगीत, पर्यटन, तैराकी और बैडमिंटन पुरस्कार–विदर्भ साहित्य संघ का स्व. हरिकिशन अग्रवाल स्मृति पत्रकारिता अवार्ड एवं अन्तरप्रेस बैडमिंटन स्पर्धा का चैम्पियनशिप अवार्ड।

❑❑